« La Parole de notre Dieu
demeure éternellement. »

Sur les Ailes de la Foi

Chants Anciens et Nouveaux

ALLELUIA !
Chantez à l'Eternel un cantique nouveau !
Chantez ses louanges dans l'assemblée des
fidèles !   PSAUME 149 : 1-2.

Quelqu'un parmi vous est-il dans la
souffrance? Qu'il prie. Quelqu'un est-il
dans la joie? Qu'il chante des cantiques.
                         JACQUES 5 : 13.

Et ils chantent le cantique de Moïse,
le serviteur de Dieu, et le cantique de
l'Agneau.   APOC. 15 : 3.

INSTITUT BIBLIQUE

39, Grande-Rue — NOGENT-sur-MARNE (Seine)
—
1928

Sur les Ailes de la Foi

Chants Anciens et Nouveaux

ALLELUIA !
Chantez à l'Eternel un cantique nouveau!
Chantez ses louanges dans l'assemblée des
fidèles!   PSAUME 149 : 1-2.

■■■■

Quelqu'un parmi vous est-il dans la
souffrance? Qu'il prie. Quelqu'un est-il
dans la joie? Qu'il chante des cantiques.
                         JACQUES 5 : 13.

■■■■

Et ils chantent le cantique de Moïse,
le serviteur de Dieu, et le cantique de
l'Agneau.   APOC. 15 : 3.

NOTE IMPORTANTE

Les Chants sont imprimés dans l'ordre alphabétique

PRÉFACE

Nous offrons au public chrétien cette édition, considérablement augmentée, du *Recueil* intitulé « **Chants anciens et nouveaux** », Recueil qui a été employé en des éditions successives depuis 1907, date de la première Convention chrétienne de Chexbres (laquelle fut transférée en 1910 à Morges, où elle a lieu annuellement depuis lors), ainsi que dans les assemblées du même nom à Paris, Lézan et autres localités.

On trouvera ici un bon nombre de Psaumes dans leur simplicité primitive, ainsi que beaucoup de cantiques du premier Réveil, dont le chantre par excellence fut César Malan.

Pour répondre à un désir exprimé par beaucoup de nos amis dont l'insistance nous a vivement touché, nous avons réuni dans la présente collection à peu près tous les cantiques écrits par nous, et dont les premiers ont été composés il y a plus de cinquante ans. La plupart de ces cantiques ont paru dans les différents Recueils des Eglises protestantes de langue française, mais plusieurs sont inédits. Il nous est infiniment doux de penser que Dieu nous permet ainsi de contribuer à manifester l'unité véritable de son Eglise fidèle de toutes les dénominations ; ajoutons aussi, de tous les pays, car beaucoup de ces chants, sans être des traductions, ont été suggérés par des hymnes, souvent admirables, d'auteurs étrangers. Un bon nombre de mélodies nous sont aussi venues des mêmes sources. L'hymnologie anglo-saxonne est particulièrement riche ; comment s'en étonner lorsqu'on compare le nombre de nos frères d'outre-mer avec celui des chrétiens protestants de langue française ? Les talents à la fois poétiques et religieux sont rares partout ; ils le sont particulièrement dans notre temps et dans nos pays, ravagés par l'incrédulité et la mondanité. Il est donc nécessaire que l'Eglise mette à profit tous les dons qui se produisent dans son sein, en quelque lieu que ce soit. D'ailleurs, l'Eglise de tous les temps a tenu à affirmer son caractère œcuménique, par des chants qui sont devenus le patrimoine commun de tous les chrétiens.

Nous avons fait une large place, dans ce Recueil, à ce qu'on appelle les Cantiques de Réveil, dont un très grand nombre ont été composés, soit sous l'impulsion du Réveil qui se produisit en 1874, soit après le Réveil de 1905 qui, du Pays de Galles, vint remuer nos Eglises de langue française.

Le caractère de ces chants est d'être populaires. Ils expriment une foi personnelle, une certitude joyeuse ; ils respirent l'enthousiasme et le désir de gagner les âmes à Jésus-Christ. L'Evangile est, à la fois, le repos et la lutte. Si l'âme chrétienne demande à s'exprimer par des chants d'adoration, de louanges, d'actions de grâces et de prières où domine la note grave et profonde, elle veut aussi, par des chants d'allégresse et de victoire, affirmer le caractère essentiellement optimiste et conquérant de la foi qui l'anime. Le difficile est, dans un Recueil forcément limité, de faire une part équitable à ces deux tendances également légitimes.

*
* *

Nous remercions ici les auteurs et les éditeurs qui ont bien voulu nous autoriser à reproduire certains cantiques parus dans d'autres recueils, ainsi que les personnes très chères qui nous ont aidé de leurs conseils et de leur collaboration, sans laquelle il nous aurait été bien difficile de venir à bout de notre tâche.

Arrivé au soir de la vie, nous sommes heureux de laisser à nos frères dans le ministère : pasteurs, évangélistes et missionnaires, ce Recueil où ils trouveront l'expression de la foi qui, à travers bien des imperfections et des vicissitudes, nous a soutenu pendant un combat de plus de cinquante années. Plusieurs de ces cantiques ont été écrits dans notre prime jeunesse ; la plupart sont de notre âge mur ; quelques-uns sont des œuvres toutes récentes. Mais pendant cette période relativement longue, nous n'avons jamais rencontré un objet qui nous ait paru, même de très loin, aussi digne de notre amour et de nos louanges que le Christ crucifié et ressuscité, et nous ne trouvons rien à changer dans l'expression de notre adoration, de notre foi et de notre espérance. Notre seul regret est de n'avoir pas su trouver des accents plus dignes de Celui que nous avons voulu exalter par nos chants.

Ces chants ne sont que des balbutiements, en attendant le retour de notre glorieux Sauveur. Tous, alors, pécheurs sauvés par grâce, nous chanterons, d'une voix inlassable et pure, le Cantique nouveau.

Seigneur Jésus, viens bientôt !

R. SAILLENS.

P. S. — On remarquera que les cantiques sont classés dans leur ordre alphabétique. On trouvera à la fin du Recueil une table par ordre de matières et une table alphabétique.

1

1 Abandonne ta vie,
Tes craintes et tes vœux,
A la grâce infinie
Du Souverain des cieux.
Lui, qui trace la route
Aux mondes comme aux vents,
Conduira sans nul doute
Les pas de ses enfants.

2 Qu'il soit ton espérance
Aux bons, aux mauvais jours;
Qu'il soit, dans la souffrance,
Ton unique recours.
Dis-lui toutes tes peines,
Remets-lui tes douleurs,
Il a brisé tes chaînes,
Il séchera tes pleurs.

3 Espère âme angoissée,
Espère en ton Sauveur;
Il connaît ta pensée,
Il a lu dans ton cœur.
Il est l'amour suprême,
Il est le vrai chemin;
Viens à lui, car il t'aime,
Viens! il te tend la main.

4 A ta voix qui m'appelle,
Je répondrai, Seigneur.
Je veux, humble et fidèle,
Te consacrer mon cœur.
Pour moi plus de tristesse !
Je vivrai par la foi,
En célébrant sans cesse
Le bonheur d'être à toi.
                    D'après GERHARD.

2

1 A Celui qui nous a sauvés
Et dont le sang nous a lavés,
Soit empire et magnificence!
D'esclaves il nous a faits rois;
Rendons à ses divines lois
Une parfaite obéissance.

2 Célébrons tous la charité
De ce Sauveur ressuscité,
Et disons avec les saints anges :
Digne est l'Agneau de recevoir
Hommage, honneur, force et pouvoir,
Gloire, richesses, et louanges!
                    B. PICTET.

3

1 A celui qui sera vainqueur,
Et qui me glorifie,
Je donnerai, dit le Seigneur,
Au ciel l'arbre de vie !

Chœur

Victoire, force, honneur et louanges,
Gloire, gloire, puissance à toi, Jésus !

2 Un caillou blanc, un nom nouveau
Et la manne cachée,
Lui seront donnés par l'Agneau,
Sa promesse est scellée !   *Ch.*

3 Revêtu d'un vêtement blanc,
Resplendissant de gloire,
Sera celui qui par le sang
Remporta la victoire !   *Ch.*

4 Avec Christ, celui qui vaincra
S'assiéra sur son trône,
Et de ses mains il recevra
L'immortelle couronne.   *Ch.*
                    Mlle A. HUMBERT.

4

1 A de nouveaux combats,
Jésus, tu nous appelles,
Et nous voici fidèles,
Prêts à suivre tes pas.
Conduis-nous aux combats :
Nous sommes tes soldats.

Chœur

Arme nos bras, arme nos cœurs,
Et nous serons plus que vainqueurs ! (*bis*)
Arme nos bras, arme nos cœurs.

2 Arme-nous, ô Seigneur !
De foi, de hardiesse,
De force, de sagesse,
D'amour et de ferveur ;
Embrase-nous, Seigneur,
D'une invincible ardeur.   *Ch.*

3 Nous tiendrons ferme et haut
La croix, notre bannière,
Pour vaincre l'adversaire
Par le sang de l'Agneau.
Oui, nous tiendrons bien haut
Ta croix, notre drapeau.   *Ch.*

4 Luttons, prions, souffrons !
Nous aurons la victoire ;
La couronne de gloire
Un jour ceindra nos fronts.
Luttons, prions, souffrons,
Bientôt nous régnerons!   *Ch.*

5

1 Agneau de Dieu, Messager de la grâce,
Je veux entendre ta voix,
Le langage de la croix.

Solo : Pour toi je fus livré,
  Méprisé, maltraité,
  Battu, meurtri, blessé,
  Pour ton iniquité.

2 Agneau de Dieu, Messager de la grâce,
  J'ai péché, je viens à toi,
  Je t'invoque, réponds-moi !

Solo : Pour toi je fus brisé,
  D'épines couronné,
  De tous abandonné,
  Frappé pour ton péché.

3 Agneau de Dieu, Messager de la grâce,
  Oh ! fais passer sur mon cœur
  Tout ton sang, divin Sauveur !

Solo : Mon côté fut percé
  Et mon sang fut versé ;
  Dans ce sang, ton passé,
  Pécheur, est effacé.

4 Agneau de Dieu, Messager de la grâce,
  Je me confie et je crois ;
  Ton pardon, je le reçois !

Solo : Sur l'enfant racheté,
  Qui fait ma volonté,
  Je mets ma sainteté,
  Ma divine beauté !

A. PÉLAZ.

6

Agneau de Dieu, par tes langueurs
Tu pris sur toi notre misère,
Et tu nous fis, pour Dieu, ton Père,
Et rois et sacrificateurs.
Ensemble aussi nous te rendons
Honneur, gloire et magnificence,
Force, pouvoir, obéissance,
Et dans nos cœurs nous t'adorons
Amen ! Amen ! Seigneur ! Amen !

C. MALAN.

7

1 Ah ! donne à mon âme
  Plus de sainteté,
  Plus d'ardente flamme,
  De sérénité ;
  Plus de confiance,
  Pour rester debout ;
  Plus de patience,
  Pour supporter tout !

2 Fais que je contemple
  Sans cesse l'Agneau,
  Son vivant exemple,
  Sa croix, son tombeau,

Sa grâce fidèle,
Son immense amour,
Sa gloire éternelle,
Son prochain retour.

3 Jésus, à tes larmes
  Je veux compatir ;
  De toutes tes armes
  Viens me revêtir ;
  Par plus de prière,
  De zèle et de foi,
  Que dans la lumière,
  Je marche avec toi !

4 Donne, à ton service,
  Un cœur plus joyeux,
  Prompt au sacrifice,
  Toujours sous tes yeux,
  Qui chante et qui tremble,
  Humble en sa ferveur ;
  Un cœur qui ressemble
  Au tien, mon Sauveur !

Th. MONOD.

8

1 Ah ! pourquoi l'amitié gémirait-elle encore
  Sur ceux qui dans l'exil comme nous
    [dispersés,
  D'un jour consolateur ont vu briller
    [l'aurore
  Et que vers Canaan Dieu lui-même a
    [poussés ?
  Affranchis avant nous du mal qui nous
    [dévore,
  Ils ne sont pas perdus, ils nous ont
    [devancés. (*bis*)

2 Oh ! combien ici-bas pesait à leur fai-
    [blesse
  Ce fardeau de chagrins sur leur tête
    [amassés !
  Et que leur pauvre cœur comptait avec
    [tristesse
  Tant d'heures, tant de jours, dans la
    [douleur passés !
  Nouveau-nés de la tombe, et parés de
    [jeunesse,
  Ils ne sont pas perdus, ils nous ont
    [devancés. (*bis*)

3 Qu'il est doux, dans les cieux, le réveil
    [des fidèles !
  Qu'avec ravissement, autour de Dieu
    [pressés,
  Ils unissent, au son des harpes immor-
    [telles,

Les hymnes de l'amour ici-bas com-
[mencés !
Amis, joignons nos voix à leurs voix
[fraternelles :
Ils ne sont pas perdus, ils nous ont
[devancés (*bis*)

4 Le péché ni la mort ne sauraient les
[atteindre
Dans la haute retraite où Dieu les a
[placés;
Leur tranquille regard contemple, sans
[les craindre,
Sous les pas des humains tant de pièges
[dressés.
Leur bonheur est au comble et, nous
[pourrions les plaindre?
Ils ne sont pas perdus, ils nous ont
[devancés. (*bis*)

5 Puisse la même foi qui consola leur vie,
Nous ouvrir les sentiers que leurs pas
[ont pressés,
Et dirigeant nos pas vers la sainte pa-
[trie
Où leur bonheur s'accroît de leurs tra-
[vaux passés,
Nous rendre ces objets de tendresse et
[d'envie
Qui ne sont pas perdus, mais nous ont
[devancés. (*bis*)

6 Quand le bruit de tes flots, l'aspect de
[ton rivage,
O Jourdain! nous diront : « Vos tra-
[vaux ont cessé »,
Au pays du salut, conquis par son cou-
[rage,
Jésus nous recevra, triomphants et lassés,
Près de ces compagnons d'exil et d'héri-
[tage,
Qui ne sont pas perdus, mais nous ont
[devancés.

A. VINET.

9

1 Ah! que je ne sois pas comme un rameau
[stérile,
Qui, séparé du tronc, doit périr desséché,
Mais que je sois, ô Dieu, comme un sar-
[ment fertile
Qu'aucun vent d'aquilon n'a du cep
[arraché.

2 Demeure en moi, Jésus, et qu'en toi je
[demeure,
Trouvant dans ton amour le plus fort
[des liens,
Portant beaucoup de fruits, chaque jour,
[à chaque heure,
Et renonçant à tout pour jouir des vrais
[biens.

3 Celui qui croit en toi, ta bouche le dé-
[déclare,
Accomplira, Seigneur, les œuvres que tu
[fis.
Je crois... et d'où vient donc que mon
[âme s'égare,
Si loin du droit sentier que toujours tu
[suivis?

4 Hélas! c'est que souvent je tourne vers
[le monde
Des yeux qui ne devraient s'arrêter que
[sur toi!
Ne me retranche pas... non, Seigneur,
[mais émonde,
Pour que j'apprenne mieux à pratiquer
[ta loi.

5 Toutefois, que jamais mon cœur ne se
[confie
En mes pas chancelants pour arriver au
[but;
Tu donnas pour les tiens, divin Jésus,
[ta vie,
Et c'est mon seul espoir de paix et de
[salut.

A. LUTTEROTH.

10

1 Ah! qu'il est beau de voir des frères
D'un même amour unis entre eux!
Esprit de Dieu, tu les éclaires,
Tu les embrases de tes feux.
Leurs chants pieux et leurs prières |
Comme un encens montent aux cieux. | (*bis*)

2 O Rédempteur, en ta présence,
Dans ta sainte communion,
Ils savourent la jouissance
D'une céleste affection.
Aussi leurs cœurs en assurance |
T'offrent leur adoration. | (*bis*)

3 Dans tous les lieux la même vie
Anime tous tes rachetés,
Partout leur âme est réjouie
De tes douces gratuités.
Oui, ton Eglise est enrichie |
De tes magnifiques bontés. | (*bis*)

4 Répands sur nous, Dieu charitable,
Ton Esprit de grâce et de paix.
Accueillis à la même table
Et goûtant les mêmes bienfaits,
Qu'un amour saint et véritable ⎱ *(bis)*
Nous unisse en toi pour jamais ! ⎰

C. MALAN.

11

1 A Jésus je m'abandonne ;
Ce qu'il me dit, je le crois,
Et je prends ce qu'il me donne,
La couronne avec la croix.
Chœur : Compter sur lui d'heure,
  Tant que dure le combat;
  Que l'on vive ou que l'on meure,
  Compter sur Lui, tout est là. *(bis)*.

2 Que si l'ennemi se montre,
Mon cœur n'en est point troublé;
Avec Christ à sa rencontre
Je puis aller sans trembler.   Ch.

3 Suis-je en paix? Vers la lumière
Mon chant s'élève, attendri,
Pour se changer en prière
Si l'horizon s'assombrit.   Ch.

4 Qu'on m'approuve ou qu'on me blâme,
Et demain comme aujourd'hui,
Je ne veux, quoiqu'on réclame,
Jamais compter que sur Lui.   Ch.

A. GLARDON.

12

1 « A moi, les cœurs braves ! »
A dit le Vainqueur
Qui rompt les entraves
Du pauvre pécheur.
« Noble est la carrière :
Qui veut y courir,
Et, sous ma bannière,
Combattre et mourir? »

Chœur : A toi, Divin Maître,
  Mon cœur et mon bras :
  Jésus, je veux être
  Un de tes soldats !

2 L'ennemi fait rage :
Je sens ses fureurs;
Comme un bruit d'orage
J'entends ses clameurs
Quand Satan déchaîne
Tous ses alliés :
Mais ce flot de haine
Expire à tes pieds.   Ch.

3 Ma couronne est prête :
Tu m'as racheté!
Ma justice est faite
De ta sainteté.
Ta grâce infinie
Couvre mes péchés;
A ta croix bénie
Ils sont attachés.   Ch.

4 Après tant de luttes,
Lassés, mais vainqueurs,
Relevés des chutes,
Guéris des douleurs,
Gardés sous ton aile,
Nous irons goûter
La paix éternelle,
Et pourrons chanter :

Chœur : « A toi les couronnes
  De tous tes élus!
  C'est toi qui leur donnes
  Ton ciel, ô Jésus! »

E. MONOD.

13

1 Amour qui m'entraînes, me lies,
Comme à la mer va le ruisseau!
A toi j'abandonne ma vie
Pour la retrouver, élargie,
Dans un monde nouveau!

2 Lumière qui chasses le doute!
Tes rayons, dans l'obscurité,
Suffisent à montrer la route,
Et bientôt je te verrai toute,
Parfaite Vérité!

3 O joie austère et méconnue
Des pleurs qu'illumine la foi !...
Je vois briller l'arc dans la nue,
Et j'attends en paix la venue
De mon céleste Roi !

R. S.

14

1 Apporte sur le Calvaire
Tes pesants fardeaux,
Là, tu trouveras, mon frère,
Le repos.

2 « C'est moi, c'est moi qui console ! »
Quelle est cette voix?
D'où viens-tu, douce parole?
« De la croix ! »

3 « Regarde ma main percée,
Mon côté sanglant,
Pour toi, pauvre âme angoissée,
Cœur tremblant,

4 « Voilant mes splendeurs divines
  Sous l'horrible affront,
Pour toi saignent les épines
  Sur mon front ! »

5 Ah ! quand même, pour te suivre,
  Il faille souffrir,
Pour toi, Sauveur, je veux vivre
  Et mourir !

6 Car tu soutiendras ma tête
  Dans les grandes eaux,
M'ouvrant, après la tempête,
  Le repos !

R. S.

15

1 A tes pieds, ô divin Maître,
  Je me place avec bonheur ;
En t'adorant, je veux être
  Ton disciple, ô mon Sauveur !
Parle ! j'ai soif de t'entendre ;
  Parle ! je n'ai qu'un désir :
Que ta voix puissante et tendre, *(bis)*
  A mon cœur se fasse ouïr.

2 Faites place, ô voix humaines,
  A la voix de mon Sauveur !
Pensers vains et choses vaines,
  Eloignez-vous de mon cœur !
Tous les bruits, faites silence !
  Toi, mon Maître, parle-moi ! *(bis)*
Recueillie en ta présence,
  Mon âme n'entend que toi.

3 Parle-moi, témoin fidèle !
  Découvre-moi le trésor
De ta sagesse éternelle ;
  Parle, ô Maître, parle encor !
Ta parole, c'est la vie,
  C'est la lumière et la paix ; *(bis)*
A ton école bénie
  Je veux rester à jamais.

4 Parle ! et pour que je comprenne
  Ton enseignement divin,
Par ta grâce souveraine,
  Instruis-moi par l'Esprit-Saint.
Parle ! et pour que j'obéisse
  A tes ordres aussitôt, *(bis)*
Forme-moi pour ton service,
  Pour te suivre, Saint Agneau.

E. BUDRY.

16

1 A toi la gloire,
  O Ressuscité !
A toi la victoire
  Pour l'éternité !

Brillant de lumière,
  L'ange est descendu,
Il roule la pierre
  Du tombeau vaincu.

Chœur : A toi la gloire,
  O Ressuscité !
A toi la victoire
  Pour l'éternité !

2 Vois-le paraître !
  C'est lui, c'est Jésus,
Ton Sauveur, ton Maître,
  Oh ! ne doute plus !
Sois dans l'allégresse,
  Peuple du Seigneur,
Et redis sans cesse
  Que Christ est vainqueur. *Ch.*

3 Craindrais-je encore ?
  Il vit à jamais,
Celui que j'adore,
  Le Prince de Paix ;
Il est ma victoire,
  Mon puissant soutien,
Ma vie et ma gloire ;
  Non, je ne crains rien.

E. BUDRY.

17

1 A toi, mon Dieu, je me donne,
  Je me donne tout entier !
Ton amour est ma couronne,
  Ta force est mon bouclier.

2 Je te donne mes journées,
  Mes succès ou mes revers ;
Je te donne mes années,
  Mes printemps et mes hivers ;

3 Mes désirs, avec leur flamme,
  Que tu peux seul apaiser,
Et les rêves de mon âme
  Que tu veux réaliser.

4 Toutes les fleurs de ma route,
  Viens les cueillir de ta main ;
Tous mes pleurs, goutte après goutte,
  Les recueillir dans ton sein.

5 Dans la joie ou la souffrance,
  Je veux te suivre en tout lieu ;
Toute ma vie à l'avance,
  Je te l'apporte ô mon Dieu.

E. MONOD.

18   (*Psaume 25*)

1 A toi, mon Dieu, mon cœur monte,
En toi, mon espoir j'ai mis :
Serai-je couvert de honte
Au gré de mes ennemis?
Jamais on n'est confondu,
Quand sur toi l'on se repose;
Mais le méchant est perdu,
Qui nuit au juste sans cause.

2 O Dieu! montre-moi la voie
Qui seule conduit à toi;
Fais que je marche avec joie
Dans les sentiers de ta loi.
Fais que je suive toujours
De ta vérité la route,
Toi qui de ton prompt secours
Veux que jamais je ne doute.

3 Souviens-toi de ta clémence,
Car elle fut de tout temps.
Prends pitié de ma souffrance :
C'est ta grâce que j'attends.
Mets loin de ton souvenir
Les péchés de ma jeunesse,
Et daigne encor me bénir,
Seigneur, selon ta promesse !

4 Dieu fut toujours véritable,
Bon et juste; il le sera,
Et du pécheur misérable
La voie il redressera.
Il fera tenir aux bons
Une conduite innocente;
Et, les comblant de ses dons,
Il remplira leur attente.

19

1 A travers la porte que Dieu
Pour nous laisse entr'ouverte,
La gloire auguste du saint lieu
A ma vue est offerte.

Chœur : Amour insondable à la foi !
La porte est ouverte pour moi !

2 La porte est ouverte à celui
Qui le salut réclame,
Qui cherche en Jésus son appui,
Et la paix de son âme.   *Ch.*

3 Riche et pauvre, grand et petit,
D'un pôle à l'autre pôle,
Pour tous les humains retentit
La divine Parole.   *Ch.*

4 Marchons, amis ! Le Roi des rois
Au ciel nous garde un trône,
Ici-bas nous portons la croix,
Mais là-haut la couronne!   *Ch.*
R. S.

20

1 Au ciel brille une étoile,
Pâle et douce clarté;
Elle guide ma voile
Sur le flot agité.
Quand mugit la tempête,
Je pleure dans la nuit...
Mais je lève la tête;
Là-haut l'Etoile luit.

2 L'océan, c'est le monde,
Le ciel, voilà le port,
Et l'orage qui gronde
C'est l'épreuve, la mort.
Jésus, ô douce étoile,
Dissipe mon effroi !
Brille à mes yeux sans voile;
Vers le port guide-moi !
R. S.

21

1 Au ciel est la maison du Père,
Etincelante de beauté.
Tout en elle est gloire et lumière,
Ineffable félicité.
Vers le ciel, (*bis*)
Nous marchons vers le ciel.
C'est au ciel (*bis*)
Qu'est notre héritage éternel.

2 Là, le bonheur est sans mélange,
Là, le péché ne règne plus;
C'est l'amour et c'est la louange,
C'est la présence de Jésus.   *Ch.*

3 Dans nos fatigues sur la terre,
Dans nos combats et nos douleurs,
C'est toi, douce maison du Père,
Que cherchent nos yeux et nos cœurs.
Ch.

4 Jours de peine ou jours d'allégresse,
Douce brise ou vents orageux,
Poussez-nous, poussez-nous sans cesse,
Vers notre demeure des cieux.   *Ch.*
E. Budry.

22

1 Au combat de la vie,
Conscrits et vétérans,
Le Seigneur nous convie :
Soldats! serrons nos rangs!

Qu'au divin Capitaine
Notre cœur soit uni :
La victoire est certaine
Sous son drapeau béni.

2 La croix est sa bannière,
Son beau nom est Jésus;
Des armes de lumière
Il revêt ses élus.
Son Esprit les enflamme,
Au plus fort des combats;
Son âme est dans leur âme,
Sa force est dans leurs bras.

3 Jeunesse ardente et fière,
Jeunesse au cœur vaillant,
Donne-toi tout entière
Au Sauveur tout-puissant!
Soumise à sa loi pure,
Tu mettras sous tes pieds,
Tes péchés, ta souillure,
Par sa mort expiés.

4 Par sa grâce infinie
Il guérira tes maux;
Et, la lutte finie,
Après bien des travaux,
Sur ton front, qui rayonne
D'espoir et de clarté,
Il mettra la couronne
De l'immortalité !

E. MONOD.

23

1 Au pied de la croix sanglante,
Où tu t'es donné pour moi,
Mon âme émue et tremblante,
O Jésus, se livre à toi.

Chœur : Le parfait bonheur, *(bis)*
C'est de mettre
Tout mon être
A tes pieds, Seigneur!

2 Me voici pour ton service,
Je ne garde rien pour moi,
Sur l'autel du sacrifice,
Je me place par la foi.   *Ch.*

3 Prends, Seigneur, ma vie entière,
Mets sur moi ton divin sceau;
Fais d'un fils de la poussière,
Un enfant du Dieu Très-Haut.   *Ch.*

4 A la gloire, aux biens du monde,
Je renonce pour jamais;
Que le Saint-Esprit m'inonde
De ta joie et de ta paix!   *Ch.*

5 Si ma faiblesse est bien grande,
Ta force est plus grande encor,
O Jésus, qu'elle me rende
Fidèle jusqu'à la mort!   *Ch.*

6 O félicité suprême!
Ta grâce est mon bouclier,
Et je t'appartiens, je t'aime,
Toi qui m'aimas le premier.   *Ch.*

E. BUDRY.

24

1 Aux jours d'angoisse et de souffrance,
Quand le cœur est rempli d'effroi,
Jésus dit : « Ayez confiance!
« Venez à moi ! »

2 Lorsque soudain survient l'orage,
Que nul abri ne s'offre à toi,
De Jésus entends le message :
« Venez à moi! »

3 Quand le péché te sollicite,
Quand tu sens vaciller ta foi,
Ecoute sa voix qui t'invite :
« Venez à moi! »

4 Il nous pardonne, il nous console,
Il prend sur lui tous nos fardeaux,
Et nous trouvons à son école
Le vrai repos.

J. SAUVAIN.

25

1 Avançons-nous joyeux, toujours joyeux,
Vers le pays des esprits bienheureux;
Vers la demeure où Jésus pour nous prie,
Marchons, joyeux, c'est là notre patrie.
Avançons-nous joyeux, toujours joyeux,
Vers le pays des esprits bienheureux !

2 Des chants d'amour retentissent aux
[cieux;
Quels doux concerts! Harpes des bien-
[heureux,
Nous entendrons votre sainte harmonie
Quand nous aurons atteint notre patrie.
Avançons-nous joyeux, toujours joyeux,
Vers le pays des esprits bienheureux !

3 Ton aiguillon, ô mort, tu ne l'as plus!
Tombeau, déjà nous ne te craignons plus;
Sur toi Jésus remporta la victoire;
Il nous ouvrit le chemin de la gloire.
Lui-même dit : « Accourez tous joyeux
Vers le pays des esprits bienheureux. »

4 Heureux bientôt dans un monde nouveau,
Nous prendrons place au banquet de
[l'Agneau.
Là, plus de cris, plus de deuil, plus de
[larmes,
Plus de péchés, de douleurs ni d'alarmes.
Là, nous serons joyeux, toujours joyeux.
C'est le pays des esprits bienheureux!

Mme W. MONOD.

26

1 Avec allégresse
Marcher vers le ciel,
Regarder sans cesse
Notre Emmanuel,
Puiser foi nouvelle
Dans ce doux regard,
De l'âme fidèle
C'est la sûre part.

Chœur : Frères, frères, les cœurs en haut,
Jésus nous appelle, |
Il viendra bientôt. | *(bis)*

2 Là, tout est lumière,
Paix et sainteté;
Là plus de misère,
Tout est charité.
Sur ce doux rivage
Ont cessé les pleurs;
Jésus ton image
Est dans tous les cœurs.   *Ch.*

3 Amis, bon courage!
L'étoile qui luit
Dissipe l'orage
Et la sombre nuit.
Veillons sur notre âme,
Jésus vient bientôt!
Lui seul nous réclame :
Tous les cœurs en haut!

Chœur : Frères, frères, le ciel est près!
Jésus, Roi de gloire, |
Y règne à jamais! | *(bis)*

CHATELANAT.

27

1 Béni soit le jour où j'ai fait
Choix de Jésus pour Maître;
Je veux célébrer le bienfait
Qui vient de m'apparaître.
Heureux jour *(bis)*

Où j'ai connu tout son amour!
Sauvé par son divin secours,
Je me donne à lui pour toujours.
Heureux jour *(bis)*
Où j'ai connu tout son amour!

2 O divine compassion!
Le Bien-Aimé du Père
Lui-même a payé ma rançon
Sur la croix du Calvaire.
De la mort *(bis)*
Jésus-Christ a vaincu l'effort.
Mon âme accepte avec transport
Le salut qu'offre le Dieu fort.
De la mort *(bis)*
Jésus-Christ a vaincu l'effort.

3 Dans son amour, il m'a cherché
Quand je fuyais sa face;
Il s'est chargé de mon péché,
Par lui j'ai trouvé grâce.
Tout joyeux, *(bis)*
Je veux le redire en tous lieux;
Mes chants monteront jusqu'aux cieux
S'unir aux chants des bienheureux.
Tout joyeux *(bis)*
Je veux le redire en tous lieux.

4 Maintenant, à ton Rédempteur
Consacré sans partage,
Repose près de lui, mon cœur,
A l'abri de l'orage;
Sans regrets, *(bis)*
Loin du monde et de ses attraits,
Goûtant la véritable paix
Qui vient combler tous mes souhaits;
Sans regrets, *(bis)*
Loin de ce qu'autrefois j'aimais.

Alfred ANDRÉ.

28

1 Béni soit le lien
Qui nous unit en Christ.
Le saint amour, l'amour divin
Que verse en nous l'Esprit!

2 Au ciel, vers notre Dieu,
Avec joie et ferveur,
S'élèvent nos chants et nos vœux,
Parfum doux au Seigneur.

3 Nous mettons en commun
Nos fardeaux, nos labeurs :
En Jésus nous ne sommes qu'un
Dans la joie et les pleurs !

4 Si nous devons bientôt
  Quitter ces lieux bénis,
Nous nous retrouverons là-haut,
  Pour toujours réunis.

                    E.-L. BUDRY.

29

1 Bénis, Seigneur, tes messagers
    En pays étrangers,
  Entends nos chants, entends nos vœux,
    Nous t'implorons pour eux!
  Toi qui fait scintiller l'étoile,
    Dieu puissant en bonté,
  Fais souffler ton vent dans leur voile,
    Esprit de vérité!
        Par eux, Seigneur,
        Qu'à tout pécheur
        Le Christ Sauveur
        Soit révélé!

2 Mets à l'abri tes ouvriers,
    Des périls, des dangers;
  Dans le continent africain
    Etends sur eux ta main!
  Qu'en Europe et qu'en Amérique
    On entende leurs voix
  Chanter le salut magnifique
    De Jésus mort en croix!
        A tous les yeux,
        Oui, fais par eux,
        Grand Dieu des cieux,
        Briller ta croix!

                    A. PÉLAZ.

30   (Psaume 103)

1 Bénissons Dieu, mon âme, en toute chose,
  Lui sur qui seul tout mon espoir repose;
  Chantons son nom sans nous lasser ja-
                              [mais.
  Que tout en moi célèbre sa puissance,
  Surtout, mon âme, exaltons sa clémence
  Et n'oublions aucun de ses bienfaits.

2 C'est ce grand Dieu qui, par sa pure
                              [grâce,
  De tes péchés les souillures efface;
  Il te guérit de toute infirmité;
  Du tombeau même il retire ta vie,
  Et rend tes jours encor dignes d'envie,
  T'environnant partout de sa bonté.

3 C'est ce grand Dieu dont la riche lar-
                              [gesse
  Te rassasie, et fait qu'en ta vieillesse

Ainsi qu'un aigle on te voit rajeunir;
Juge équitable, à tout homme il accorde
Justice et droit, et sa miséricorde
Des opprimés daigne se souvenir.

4 Comme à son fils un père est doux et
                              [tendre,
  Si notre cœur vient au Seigneur se rendre,
  Il nous reçoit avec compassion;
  Car il connaît de quoi sont faits les
                              [hommes,
  Il sait, hélas! il sait que nous ne sommes
  Que poudre et cendre, et que corruption.

5 Les jours de l'homme à l'herbe je com-
                              [pare
  Dont à nos yeux la campagne se pare,
  Qu'un peu de temps a vu croître et mûrir
  Et qui soudain, de l'aquilon battue,
  Tombe et se fane et n'est plus reconnue
  Même du lieu qui la voyait fleurir.

6 Mais tes faveurs, ô Dieu, sont éternelles
  Pour qui t'invoque, et toujours les fidèles
  De siècle en siècle éprouvent ta bonté.
  Dieu garde ceux qui marchent en sa
                              [crainte,
  Ceux dont le cœur s'attache à sa loi
                              [sainte,
  Tous ceux enfin qui font sa volonté.

31

1 Celui qui met en Jésus
    Une pleine confiance,
  Jamais ne chancelle plus,
    Complète est sa délivrance.

Chœur : Par la foi nous marcherons,
        Par la foi nous triomphons,
        Par la foi mon Rédempteur
        Me rendra plus que vainqueur!

2 Dans les jours d'adversité,
    Quand tu sens gronder l'orage,
  Regarde en sécurité
    A Christ, et reprends courage!   Ch.

3 Quand Satan veut te troubler,
    Enlever ton espérance,
  Ton passé te reprocher,
    Que Christ soit ton assurance!   Ch.

4 Par la foi je marcherai,
    En comptant sur ses promesses,
  Par lui je triompherai
    En tout temps de mes détresses! Ch.

                    A. HUMBERT.

32

1 C'en est fait, ô Jésus! je ne suis plus à
[moi :
Pour jamais, mon Sauveur, je m'aban-
[donne à toi,
A toi qui me créas, à toi qui m'as sauvé.
Qui d'Esprit et de feu m'as enfin bap-
[tisé. (*bis*)

2 C'en est fait! c'en est fait! j'appartiens
[à Jésus.
Je l'aime, je le sers et ne m'appartiens
[plus.
A lui j'ai tout donné, mon esprit et mon
[cœur :
Gloire, gloire à jamais à mon divin Sau-
[veur! (*bis*)

3 C'en est fait! oui, Seigneur, ton pauvre
[et faible enfant
A tes pieds se prosterne et t'adore en
[t'aimant.
Maintiens-le dans ta grâce, et qu'à ja-
[mais son cœur
Demeure en ton amour, tout-puissant
[Rédempteur! (*bis*)
C. MALAN.

33

1 C'est à la croix que le chemin commence,
C'est à la croix qu'on trouve le salut.
Elle se dresse, ainsi qu'un phare immense,
Et sa lumière au loin montre le but.
L'homme, sans elle, égaré par le doute,
Voit approcher la mort avec effroi...
Jésus, mourant, lui dit : « Je suis la
[route,
Et nul ne vient au Père que par Moi. »

2 C'est sur la croix que ton amour rayonne,
Traçant pour nous un lumineux chemin;
C'est là, Jésus, que le Père pardonne,
Ouvrant ses bras à tout le genre humain.
Vous qui cherchez un cœur qui vous
[réponde,
Et n'avez pu le trouver ici-bas,
Venez, venez, il n'en est qu'un au monde,
Voici l'amour qui seul ne trompe pas!

3 Christ est vivant! Et du ciel il envoie
L'Esprit du Père au pécheur racheté.
Qui l'a reçu chemine plein de joie,
Il est déjà dans l'immortalité.
Si, près de lui, la nuit se fait obscure,
Qu'importe, il voit devant lui le saint
[lieu
Et suit en paix la route claire et sûre
Qui, de la croix, le mène vers son Dieu!
R. S.

34

1 C'est à l'ombre de tes ailes
Qu'est le vrai repos;
Là plus de douleurs cruelles,
Là plus d'angoisses mortelles,
Là plus d'écrasants fardeaux : } (*bis*)
C'est le vrai repos!

Chœur : Vrai repos, paix parfaite
[et bonheur, } (*bis*)
Sous les ailes du Sei-
[gneur!

2 C'est à l'ombre de tes ailes
Qu'on trouve la paix...
Les oiseaux dans leurs nids frêles,
Sous les plumes maternelles
Ne s'épouvantent jamais : } (*bis*)
Ils dorment en paix.

3 C'est à l'ombre de tes ailes
Qu'est le vrai bonheur
Toutes choses sont nouvelles
Et c'est la vie éternelle
Que d'être près de ton cœur } (*bis*)
C'est le vrai bonheur.
R. S.

35

1 C'est dans la paix que tu dois vivre,
Enfant de Dieu, disciple du Sauveur,
Par son Esprit, ton âme doit le suivre
Sur le sentier de la douceur.
Si, contre toi, s'élève quelque offense,
Si l'on te hait, si l'on veut t'opprimer,
Ferme ton cœur à la vengeance!
Comme ton Dieu tu dois aimer.

2 Bien loin de toi que toute haine,
Que tout dépit soit toujours repoussé!
Souffre en repos et l'insulte et la peine,
Et sans orgueil, sois abaissé.
Oui, pour Jésus, pour ce Roi débonnaire,
Reçois le coup le plus humiliant;
Bois jusqu'au fond la coupe amère :
Comme ton Dieu sois patient.

3 Ne sais-tu pas quelle est sa grâce,
Que de péchés son amour t'a remis?
Qu'ainsi jamais ton support ne se lasse
Envers tes plus grands ennemis.
S'ils sont cruels, si leurs haines s'attisent,
De ta bonté rouvre-leur le trésor;
S'ils sont hautains, s'ils te méprisent,
Comme ton Dieu pardonne encor.

4 Ce n'est pas toi que hait le monde,
C'est ton Sauveur qu'ils ne connaissent
[pas.
Ah! plains-les donc, leur misère est pro-
Contre Dieu se lève leur bras.   [fonde!
Tends-leur la main au bord du précipice,
S'ils sont tombés, cours et sois-leur sou-
Et, pour punir leur injustice,   [tien,
Comme ton Dieu, fais-leur du bien.

C. MALAN.

36

C'est Golgotha, c'est le Calvaire,
C'est le jardin des Oliviers,
Qui sont mes maisons de prières
Et mes rendez-vous journaliers.
Dans ce jardin, que vois-je en terre?
Le Fils du grand Dieu prosterné,
Abattu, triste, consterné!
C'est pour moi qu'il est en prière!
   Grand Sacrificateur,
   Priant pour le pécheur,
Jésus, Jésus, ah! souviens-toi)
   D'intercéder pour moi.   ) (bis)

Félix NEFF.

37

1 C'est moi, c'est moi qui vous console,
A dit l'Eternel aux pécheurs.
Frères, croyons à la parole
Qu'Il adresse à nos pauvres cœurs.
Il veut verser sur nos blessures
L'huile et le vin de son amour,
Et, sur ses faibles créatures
Faire lever un nouveau jour.

2 La paix, dont le Seigneur inonde
Les âmes de ses serviteurs,
N'est pas la paix d'un triste monde
Dont les ris sont mêlés de pleurs.
La paix dont Il dit : « Je la donne »,
Subsiste dans les jours mauvais;
C'est une immortelle couronne
Que rien ne flétrit, c'est Sa paix.

3 Que la paix coule comme un fleuve,
Qui porte au loin ses grandes eaux,
Et que mon âme s'en abreuve,
Comme un agneau près des ruisseaux.
Du haut de ta sainte montagne
Répands-la selon nos souhaits;
Et que ton Esprit l'accompagne,
Roi de Salem! Prince de Paix!

H. LUTTEROTH.

38

1 C'est mon joyeux service
   D'offrir à Jésus-Christ,
   En vivant sacrifice,
   Mon corps et mon esprit.

Chœur : Accepte mon offrande,
   Bien-aimé Fils de Dieu,
   Et que sur moi descende
   La flamme du saint lieu!

2 J'abandonne ma vie,
   Sans regret, ni frayeur,
   A ta grâce infinie,
   O mon Libérateur.   Ch.

3 Qu'un feu nouveau s'allume
   Par ton amour en moi,
   Et dans mon cœur consume
   Ce qui n'est pas à toi!   Ch.

4 Viens, Jésus, sois mon Maître;
   Par ton sang racheté,
   A toi seul je veux être,
   Et pour l'éternité.   Ch.

Th. MONOD.

39

1 C'est toi, Jésus, que recherche mon âme;
A te trouver se bornent mes souhaits;
C'est ton regard que sur moi je réclame;
Rends-moi, Seigneur, rends-moi ta douce
[paix.

2 Longtemps j'errai dans les sentiers du
[monde,
Ne connaissant ni ton nom ni ta loi;
Tu me cherchas en cette nuit profonde,
Et, pour toujours, m'en tiras par la foi.

3 De ton amour la voix se fit entendre;
J'appris alors que tu m'as racheté,
Et ton Esprit à mon cœur fit comprendre
Ce qu'est pour nous, ô Dieu! ta charité!

4 Prends donc pitié de ma grande misère!
Soumets mon cœur, brise sa dureté;
A Golgotha mon âme te fut chère :
Je compte, ô Dieu! sur ta fidélité.

C. MALAN.

40

1 C'est un rempart que notre Dieu!
   En ces jours de détresse,
   Il nous délivre, Il nous tient lieu
   D'arme et de forteresse.

Notre ennemi mortel,
Rusé, fort et cruel,
  Rugit, menace
Et redouble d'audace :
Il n'a point d'égal sous le ciel!

2 Seuls, nous serions bientôt perdus...
Dans ce péril extrême
Un Héros nous a secourus,
  Choisi par Dieu lui-même.
  Celui qui nous sauva,
  Quel est-il? JÉHOVA!
    C'est Dieu fait homme,
  Jésus-Christ Il se nomme;
La victoire lui restera!

3 Quand tous les démons déchaînés
Prétendraient te détruire,
Ne crains point! ils sont condamnés
  Et ne sauraient te nuire.
  Eux tous, avec leur roi,
  Tomberont devant toi,
    Peuple fidèle!
  Pour vaincre le rebelle,
Il suffit d'un mot de la Foi!

4 Il faudra bien que, malgré tous,
Subsiste la Parole!
Car l'Eternel est avec nous,
  Son Esprit nous console.
  Qu'ils prennent tout, chrétiens :
  Notre vie et nos biens...
    Laissons-les faire!
  Ils n'y gagneront guère :
Le Royaume nous appartient!

        LUTHER, traduit par R. S.

41

1 Chantons, chantons sans cesse
La bonté du Seigneur!
Qu'une sainte allégresse
Remplisse notre cœur!
  Un salut éternel
  Est descendu du ciel,
Nous avons un Sauveur! (*bis*)

2 O bonheur ineffable!
Dieu n'est plus irrité!
Il pardonne au coupable
Contre lui révolté.
  Pour porter nos forfaits,
  Pour sceller notre paix,
Jésus s'est présenté. (*bis*)

3 Vers le trône de grâce
Si nous levons les yeux,
Nous rencontrons la face
D'un Sauveur glorieux.

Il est notre avocat;
Pour les siens il combat,
Toujours victorieux. (*bis*)

4 Pour diriger la voie
De tous ses rachetés,
Dans leur cœur il envoie
Ses célestes clartés!
  Son Esprit nous conduit,
  Sa grâce nous instruit
Des saintes vérités. (*bis*)

5 Bientôt, vêtu de gloire,
Du ciel il reviendra!
Consommant sa victoire,
Il nous affranchira.
  Et son heureux enfant,
  Avec lui triomphant,
Tel qu'il est le verra. (*bis*)

        C. MALAN.

42

1 Chef couvert de blessures,
Meurtri par nous, pécheurs.
Chef accablé d'injures,
D'opprobres, de douleurs,
Des splendeurs éternelles
Naguère environné,
C'est d'épines cruelles
Qu'on te voit couronné!

2 C'est ainsi que tu paies
Le prix de ma rançon,
Tes langueurs et tes plaies,
Voilà ma guérison.
Mon âme criminelle
Est à tes pieds, Seigneur ;
Daigne jeter sur elle
Un regard de faveur.

3 Au sein de ma misère,
Sauvé par ton amour,
Pour toi, que puis-je faire ?
Que t'offrir en retour?
Ah! du moins, Dieu suprême,
Prends à jamais mon cœur;
Qu'il te serve et qu'il t'aime,
Plein d'une sainte ardeur!

4 Pour ta longue agonie,
Pour ta mort sur la croix,
Je veux, toute ma vie,
Te louer, Roi des rois!
Ta grâce est éternelle,
Et rien jusqu'à la fin
Ne pourra, Dieu fidèle,
Me ravir de ta main.

        Psalmodie Morave.

43

1 Chœur des bienheureux, célestes ar-
Chantez, voici l'enfant perdu! [mées,
Les portes du ciel ne sont plus fermées;
Il revient, le fils attendu !

Chœur :

Gloire, gloire à Dieu, dans les hauts cieux!
  Quels doux accords retentissent!
    Que nos voix s'unissent
    A ces chants joyeux :
Gloire, gloire à Dieu dans les hauts cieux!

2 « J'ai trouvé mon fils! » dit le tendre
  En l'embrassant avec amour. [Père
« D'un manteau royal couvrez sa misère,
  Et que tous chantent son retour. »
                                    Ch.

3 Frères, accourez au Dieu qui vous aime!
  Debout encore sur le seuil,
  Il vous fait entendre un appel suprême
  Et vous réserve un doux accueil. *Ch.*

                                    R. S.

44

1 Chrétiens, peuple fidèle,
  Ranimons notre ardeur,
  Et redoublons de zèle
  Pour notre Rédempteur.
  Il vient vers nous du ciel :
  Chantons dans nos cantiques
  Les bontés magnifiques
  De notre Emmanuel. (*bis*)

2 Vous, âmes affligées,
  Accourez à ce Roi;
  Vous serez soulagées,
  L'invoquant avec foi.
  Jésus-Christ, de son bras,
  Protège ceux qu'il aime;
  Son cœur toujours le même,
  Ne les délaisse pas. (*bis*)

3 Jésus est notre frère :
  Implorons son secours;
  Au fort de la misère
  Il est notre recours!
  Ses charitables soins
  Soutiennent notre vie;
  Sa puissance infinie
  Pourvoit à nos besoins (*bis*)

                          EMPEYTAZ.

45

1 Christ nous précédant,
    Marchons en avant,
  Sur le chemin de la vie,
  Sa voix sainte nous convie
    A le suivre enfin
    Au séjour divin.

2 Luttes et labeurs,
    Périls ou douleurs,
  Pourront traverser ma route;
  Mais je veux, quoiqu'il m'en coûte,
    Porter ferme et haut
    Ton divin drapeau.

3 Le bonheur s'enfuit,
    Le deuil me poursuit,
  Il me faut souffrir moi-même,
  Ou pleurer pour ceux que j'aime;
    Mais j'ai dans mon cœur
    Un Consolateur.

4 Fort de ton secours,
    J'avance toujours;
  Soutiens mon faible courage,
  Achève en moi ton ouvrage,
    Et que par la foi
    Je sois tout à toi.

                          Léon PAUL.

46   (*Psaume 42*)

1 Comme un cerf altéré brame
  Après le courant des eaux,
  Ainsi soupire mon âme,
  Seigneur, après tes ruisseaux.
  Elle a soif du Dieu vivant,
  Et s'écrie en le suivant :
  O mon Dieu, quand donc sera-ce
  Que mes yeux verront ta face?

2 Pour pain je n'ai que mes larmes,
  Et nuit et jour en tout lieu,
  Lorsqu'en mes dures alarmes
  On me dit : Que fait ton Dieu?
  Je regrette la saison
  Où j'allais en ta maison,
  Chantant avec les fidèles
  Tes louanges immortelles.

3 Mais quel chagrin te dévore ?
  Mon âme rassure-toi :
  Espère en Dieu, car encore
  Il sera loué de moi.

C'est son regard seulement
Qui guérira mon tourment :
Mon Dieu, je sens que mon âme
D'un ardent désir se pâme.

4 Tous les flots de ta colère
Sur moi, Seigneur, ont passé;
Mais par ta grâce j'espère
Qu'enfin l'orage a cessé.
Le jour tu me conduiras,
Et la nuit tu me feras
Chanter, d'une âme ravie,
Ton saint nom, Dieu de la vie.

5 Mais quel chagrin te dévore ?
Mon âme rassure-toi :
Espère en Dieu, car encore
Il sera loué de moi.
Un regard, dans sa faveur,
Me dit qu'il est mon Sauveur;
Et c'est aussi lui, mon âme,
Qu'en tous mes maux je réclame.

47

1 Comme une terre altérée
Soupire après l'eau du ciel,
Nous appelons la rosée
De ta grâce, Emmanuel!

Chœur : Fraîches, fraîches rosées,
Descendez sur nous tous!
O divines ondées,
Venez, arrosez-nous!

2 Descends, ô pluie abondante,
Coule à flots dans notre cœur,
Donne à l'âme languissante
Une nouvelle fraîcheur.   *Ch.*

3 Ne laisse en nous rien d'aride
Qui ne soit fertilisé;
Que le cœur le plus avide
Soit pleinement arrosé.   *Ch.*

4 Oui, que les déserts fleurissent
Sous tes bienfaisantes eaux,
Que les lieux secs reverdissent
Et portent des fruits nouveaux.   *Ch.*

5 Viens, ô salutaire pluie,
Esprit de grâce et de paix!
Répands en nous une vie
Qui ne tarisse jamais.   *Ch.*

E. BUDRY.

48

1 Comme un fleuve immense,
Est la paix de Dieu.
Parfaite elle avance,
Vainqueur en tout lieu;
Parfaite elle augmente
Constamment son cours;
Parfaite sa pente
S'abaisse toujours.

Chœur : Fondés sur Dieu même,
Nos cœurs à jamais
Ont pour bien suprême
Sa parfaite paix.

2 Sous ta main meurtrie,
Se brise, ô mon Roi,
Toute arme ennemie
Faite contre moi!
Rien ne peut me nuire
Ni troubler mon cœur,
Tu veux me conduire,
Tu seras Vainqueur.   *Ch.*

3 Tu traces ma voie :
J'y marche avec foi;
L'épreuve et la joie
Me viennent de toi!
Cadran de nos vies,
Marque, chaque jour,
Les heures bénies
Du Soleil d'amour!   *Ch.*

4 Océan de gloire,
Paix de mon Sauveur!
Gage de victoire!
Trésor de bonheur!
Ta grâce infinie,
Coulant nuit et jour,
Inonde ma vie
De vagues d'amour!

Chœur : Selon ta promesse,
O Jésus, mon Roi!
Je trouve sans cesse
Paix parfaite en toi!

Mlle E. SCHURER.

49

1 Comme un phare sur la plage,
Perçant l'ombre de la nuit,
L'amour de Dieu, dans l'orage,
Cherche l'homme et le conduit.

Chœur : O Sauveur, que ta lumière
Resplendisse sur les flots,
Et vers le ciel qu'elle éclaire
Et sauve les matelots!

2 Nulle étoile n'étincelle
Pour vous guider, ô nochers !
Qui gardera la nacelle
Des écueils et des rochers ?   *Ch.*

3 Dans la nuit qui m'environne,
De ton amour, ô Jésus,
Que par moi l'éclat rayonne
Aux yeux des marins perdus.   *Ch.*

R. S.

50

1 Contempler mon Dieu sur son trône,
Vivre avec Jésus dans le ciel,
Jeter à ses pieds ma couronne,
C'est là le bonheur éternel.

Chœur : Dans le ciel, dans le ciel ;
          Vivre avec Jésus dans le ciel,
          Dans le ciel, dans le ciel,
          C'est là le bonheur éternel.

2 Unir ma voix au chant des anges,
Bénir, louer Emmanuel,
Chanter à jamais ses louanges,
C'est là le bonheur éternel.   *Ch.*

Messager des Ecoles du Dimanche.

51

1 Dans l'abîme de misères
Où j'expirais loin de toi,
Ta bonté, Dieu de mes pères,
Descendit jusques à moi.
Tu parlas, mes yeux s'ouvrirent ;
A mes regards éperdus,
Tes secrets se découvrirent,
J'étais mort et je vécus.

2 Plus haut que toute pensée
Ta main étendit les cieux ;
Tu veux : leur voûte embrasée
Se peuple de nouveaux feux.
Mais privés d'aimer, de croire,
Tous ces cieux et leur splendeur
Ne valent pas pour ta gloire
Un seul soupir d'un seul cœur.

3 Esprit du Dieu que j'adore,
Ah ! forme en moi ce soupir,
Ce feu qui n'a point encore
Réchauffé mon repentir !
Qu'à l'amour mon cœur se livre
Et qu'il répète à jamais :
Aimer, aimer, voilà vivre,
Fais-moi vivre, ô Dieu de paix.

A. VINET.

52

1 Dans la nuit, voyez ces mages
Qui, d'un pays éloigné,
Viennent rendre leurs hommages
Au Rédempteur nouveau-né.   } (*bis*)

2 Qui les conduit ? Une étoile
Qu'ils ont vue en Orient.
Quand un nuage la voile
Ils s'arrêtent en priant.   } (*bis*)

3 « Ah ! voici le lieu, sans doute,
Oui, voici Jérusalem ! »
Mais l'étoile suit sa route
Jusqu'à l'humble Bethléem.   } (*bis*)

4 C'est sur une hôtellerie
Que l'astre s'est arrêté.
Près d'une crèche, Marie
Tient l'enfant emmailloté.   } (*bis*)

5 Si sa majesté se voile,
Et s'il naît pauvre et souffrant,
Mages, contemplez l'étoile
Qui rayonne sur l'Enfant !   } (*bis*)

6 Est-ce vrai ? Le Roi des anges
Vient-il de naître en ce lieu ?
Et cet enfant dans ses langes
Est-ce bien le Fils de Dieu ?   } (*bis*)

7 C'est le regard de Dieu même
Qui vous dit : « Je l'ai donné ! »
Adorez l'amour suprême,
Mages, dans ce nouveau-né !   } (*bis*)

53

1 Dans le désert où je poursuis ma route,
Vers le pays que je dois habiter,
Que nul effort, nul travail ne me coûte ;
Car c'est des cieux que je dois hériter.

2 Mon Rédempteur, ô Guide en qui j'espère,
Protège-moi contre le faix du jour !
Pendant la nuit, que ta clarté m'éclaire,
Et garde-moi sans cesse en ton amour !

3 Chaque matin, ta bonté paternelle
Répand d'en haut mon pain quotidien ;
Et quand, le soir, je m'endors sous ton aile
C'est toi qui prends souci du lendemain.

4 Quand le péché de sa dent venimeuse
M'a déchiré pour me faire périr,
Un seul regard sur ta croix glorieuse,
Divin Sauveur, suffit pour me guérir.

5 Bientôt pour moi le terme du voyage
Amènera le moment du repos;
De Canaan je verrai le rivage
Et du Jourdain je franchirai les flots.

6 O mon pays, terre de la promesse!
Mon cœur ému de loin t'a salué;
Dans les transports d'une sainte allé-
[gresse,
Ton nom, Seigneur, soit à jamais loué!

F. CHAVANNES.

54

1 Dans le drapeau qui frissonne
A tous les souffles des cieux,
C'est la patrie en personne
Qui parle à ses fils pieux :
« Enfants, je suis la chaumière,
Je suis le foyer sacré,
La tombe où dort votre père,
Le champ qu'il a labouré! »

2 Oui, c'est elle, c'est la France,
C'est sa gloire et ses douleurs,
Son passé, son espérance,
Qu'on voit dans les trois couleurs!
Si l'étoffe en est flétrie,
Dans cet auguste lambeau
Toujours belle est la patrie,
Et c'est toujours le drapeau!

3 Pour que le vent de la haine
Ne le déchire jamais,
Devant la croix souveraine
Qu'il s'incline désormais!
Ah! que bientôt le jour brille
Où les peuples et les rois
Ne seront qu'une famille,
Unie autour de la croix!

4 Jeunes chrétiens, noble armée,
Servons, dans un même esprit,
Notre France bien-aimée
Et notre Roi Jésus-Christ!
Que le drapeau tricolore
Par la croix soit abrité,
Et sous ses plis voie éclore
La paix et la liberté!

R. S.

55

1 Dans le morne et froid tombeau
Descend le Prince de vie;
Le jour éteint son flambeau,
La mort triomphe, assouvie.

2 — C'en est fait, Il est vaincu!
Scellez ces pierres funèbres!
Toute lumière a vécu,
L'avenir est aux ténèbres!

3 — Quoi, Seigneur, serait-il vrai ?
Ah! plutôt que de le croire
Avec toi je descendrai
Dans la nuit profonde et noire!

4 Car tu ne mourus ainsi
Que pour me frayer la voie.
A moi, de mourir aussi
Au monde, à sa folle joie!

5 Je meurs!... Mais quelle clarté
Me ravit et me pénètre ?
Jésus est ressuscité,
Par lui je me sens renaître!

6 Que mon âme, ô divin Roi
T'adore et te glorifie,
Car, en mourant avec toi,
Elle a retrouvé la vie!

R. S.

56

1 Dans le pays de la gloire éternelle,
Dans ce beau ciel où l'on ne souffre plus,
Te contempler, abrité sous ton aile,
C'est le bonheur que je rêve, ô Jésus!

Ch. : Gloire à jamais, gloire à Jésus! (*bis*)
Auprès de lui je ne pécherai plus!
Oh! gloire à jamais, gloire à toi, Jé-
[sus.

2 Quand tu m'auras, dans ta grâce infinie,
Fait une place au milieu des élus,
Tout mon bonheur, et ma gloire et ma vie
Sera toujours de te louer, Jésus!

Ch. : Gloire à jamais, gloire à Jésus! (*bis*)
Auprès de Lui, je ne pleurerai plus!
Oh! gloire à jamais, gloire à toi, Jé-
[sus.

3 Mes bien-aimés partageront ma gloire,
Dans ton ciel où l'on ne se quitte plus.
Mais pour mon cœur la suprême victoire
Sera d'avoir ton sourire, ô Jésus!

Ch. : Gloire à jamais, gloire à Jésus (*bis*)
Auprès de Lui je ne souffrirai plus!
Oh! gloire à jamais, gloire à toi, Jé-
[sus.

Ch. ROCHEDIEU.

57

1 Dans les champs le berger veille
Aux approches du matin,
Quand la brise à son oreille
Apporte un écho lointain.
Et tandis que tout rayonne
D'une soudaine clarté,
Plus forte, la voix résonne
Du fond de l'immensité :

Ch. : Gloire à Dieu dans les hauts cieux !
Paix aux hommes en tous lieux !
Le Rédempteur et le Maître
Qu'attendaient vos cœurs pieux,
Dans la crèche vient de naître :
Gloire à Dieu dans les hauts cieux !

2 Bergers, pourrez-vous comprendre
L'amour du Dieu tout-puissant,
Qui, pour vous, daigne descendre
A n'être qu'un faible enfant,
Un enfant que la souffrance
Saisira dès le berceau,
Qui marchera sans défense
Vers la croix et le tombeau ?

Ch. : Gloire à Dieu dans les hauts cieux !
Paix aux hommes en tous lieux !
Pour sauver l'âme coupable
Le Verbe victorieux
Naît dans une pauvre étable :
Gloire à Dieu dans les hauts cieux !

3 En chantant l'hymne nouvelle
L'ange au ciel s'est envolé,
Et sous la voûte éternelle,
Le berger reste isolé;
Mais, ravi du saint mystère,
Son cœur murmure tout bas :
« Si l'ange a quitté la terre,
Le Sauveur ne s'en va pas ! »

Ch. : Gloire à Dieu dans les hauts cieux !
Paix aux hommes en tous lieux !
Pour cet enfant dans ses langes,
Pour ce don si précieux,
Chantons tous, comme les anges,
Gloire à Dieu dans les hauts cieux !
R. S.

58

1 Dans les cieux et sur la terre,
Il n'est aucun nom plus doux,
Aucun que mon cœur préfère
Au nom du Christ mort pour nous.

Chœur :

Quel beau nom (bis) porte l'Oint de l'Eter-
[nel !
Quel beau nom (bis) que celui d'Emma-
[nuel !

2 Quelque grand que soit un homme,
Qu'il soit prince ou qu'il soit roi,
De quelque nom qu'on le nomme,
Jésus est plus grand pour moi.   Ch.

3 Les séraphins, les archanges
Portent des noms glorieux,
Mais le plus beau nom des anges
Pourrait-il me rendre heureux ?   Ch.

4 Dans les maux, Jésus soulage,
Il guérit l'esprit froissé,
Il ranime le courage
Du cœur le plus oppressé.   Ch.
C. JAULMES.

59

1 Dans sa gloire, notre Maître
Bientôt va paraître.
Oui, bientôt nous allons être
Avec lui dans les cieux.

Chœur : Du Sauveur qui nous donne
La paix, et nous pardonne,
Nous serons la couronne,
Les joyaux précieux.

2 Ame pure, simple et tendre,
Qui sus le comprendre,
C'est toi que Jésus veut prendre
Avec lui dans les cieux.   Ch.

3 Vous qui recevez sa grâce
Et suivez sa trace,
Il vous prépare une place
Près de lui dans les cieux.   Ch.
R. S.

60

1 De Dieu l'amour éternel
A mon cœur s'est fait connaître, —
Et je sais qu'il est réel,
Par l'Esprit qui me pénètre.
Toutes mes terreurs ont fui,
Une douce paix m'inonde...
O sécurité profonde !
Il est à moi, je suis à Lui !   } (bis)

2 Jamais l'oiseau n'a chanté
  Hymnes si mélodieuses,
  Ni la terre n'a porté
  Tant de fleurs si radieuses!
  Jamais, dans l'azur, n'a lui
  Une lumière si belle...
  O bonheur! vie éternelle!
  Il est à moi, je suis à Lui! | (bis)

3 Mes péchés ont disparu,
  Chassés comme une fumée,
  Car pour moi Jésus mourut,
  De Lui mon âme est aimée.
  Sûr et fort de son appui,
  Je repose en sa tendresse,
  Et tout bas redis sans cesse : | (bis)
  Il est à moi, je suis à Lui!

4 A Lui seul et pour toujours!
  L'enfer, la mort, ni la vie
  Rien ne peut de son amour
  Priver mon âme ravie.
  Que le monde soit détruit,
  Et que le soleil s'éteigne...
  Jésus vit, et Jésus règne,
  Je vis et je règne avec Lui,
  Jésus vit, et Jésus règne,
  Il est à moi, je suis à Lui!

R. S.

61

1 Debout, sainte cohorte,
  Soldats du roi des rois!
  Tenez d'une main forte
  L'étendard de la croix
  Au sentier de la gloire
  Jésus-Christ nous conduit;
  De victoire en victoire
  Il mène qui le suit.

2 La trompette résonne,
  Debout! vaillants soldats!
  L'immortelle couronne
  Est le prix des combats.
  Si l'ennemi fait rage,
  Soyez fermes et forts;
  Redoublez de courage,
  S'il redouble d'efforts.

3 Debout pour la bataille,
  Partez, n'hésitez plus.
  Pour que nul ne défaille,
  Regardez à Jésus.
  De l'armure invincible,
  Soldats revêtez-vous;
  Le triomphe est possible
  Pour qui lutte à genoux.

4 Debout, debout encore,
  Luttez jusqu'au matin;
  Déjà brille l'aurore
  A l'horizon lointain.
  Bientôt, jetant nos armes
  Aux pieds du Roi des rois,
  Les chants après les larmes,
  Le trône après la croix!

R. S.

62

1 Debout, soldats du Christ! le Maître
                    [nous appelle!
  Marchons, marchons au glorieux combat!
  Que dans nos rangs l'Esprit-Saint renou-
                    [velle
  Le feu sacré d'un cœur (ter) qui pour sa
                    [cause bat!

2 Trop longtemps désunis, affaiblis par le
                    [doute,
  Du ciel au monde entraînés tous les jours,
  Enfin, Jésus, tu nous mets sur la route
  Où nous attend de Dieu (ter) l'invincible
                    [secours.

3 Au plus fort du danger, nous aurons la
                    [victoire
  Si nous luttons en regardant à toi;
  Tu l'as promis, il y va de ta gloire!
  En ton fidèle amour (ter) augmente-nous
                    [la foi.

4 Repos, temps et talents, santé, fortune et
                    [vie,
  Nous donnons tout! En priant on le peut!
  Ici la croix; demain gloire infinie!...
  Nous partons, ô Jésus (ter) Dieu le veut!
                    [Dieu le veut!

G. TOPHEL.

63

1 —Demain, peut-être,
  Je te croirai,
  Et pour mon Maître
  Je te prendrai. —
  Ainsi, quand Dieu l'invite,
  L'âme répond : « Attends! »
  Ah! pécheur, entre vite!
  Viens, il est temps!

2 Demain, peut-être,
  Plus de pardon!
  Quoi! méconnaître
  Un pareil don!

Dieu t'offre, dans sa **grâce,**
Le bonheur des élus;
Avant que l'heure passe,
Viens à Jésus!

3 Demain, peut-être,
Du châtiment
Tu vas connaître
L'**affreux** tourment.
Jésus t'appelle, il t'aime;
Il est le seul chemin;
Viens, c'est l'instant suprême!
Pourquoi demain ?

R. S.

1 Déployons nos ailes !
Il nous faut saisir
La grâce éternelle
Avant de mourir.
Détournons la face
Des biens d'ici-bas,
Là-haut est ta place,
Frère, n'attends pas.

2 Les fleuves sans guide
Courent vers la mer,
La flamme rapide
S'élève dans l'air :
Tous deux vers leur source
S'élancent joyeux :
Mon cœur, prends ta course
Vers le sein de Dieu !

3 Pèlerin du monde,
Qui vas en pleurant,
Quand l'orage gronde
Courage, en avant !
Regarde en la nue
Jésus triomphant,
Ton heure est venue,
Courage, il t'attend !

4 Tu verras sa face
Dans son beau séjour !
Saisis donc la grâce
Pendant qu'il fait jour.
Hâte-toi, mon frère,
Car voici la nuit :
L'Esprit de lumière
Au ciel te conduit.

Léon PAUL.

65

1 De quoi t'alarmes-tu mon **cœur** ?
Ranime ton courage.
Souviens-toi de ton **Créateur,**
Ta tristesse l'outrage.

Oui, le Dieu fort
Règle mon sort;
Lui, la charité même,
Il me connaît, il m'aime.

2 Viens contempler le firmament;
Dis si ton œil embrasse
Les mondes que le Tout-Puissant
A semés dans l'espace.
Ni ton savoir
Ni ton pouvoir
Ne te rendront capable
De faire un grain de sable.

3 Connais le Dieu de l'univers
Et ton insuffisance!
Il a mille moyens divers
Tout prêts pour ta défense;
Et dans ses bras
Tu ne perds pas,
Au fort de la tempête,
Un cheveu de ta tête.

4 Bannis donc, mon cœur, les soucis,
Car ta douleur t'abuse;
Après t'avoir donné son Fils,
Est-ce que Dieu refuse
A son enfant
Le vêtement,
Le toit, le pain, la vie ?
Crains-tu qu'il ne t'oublie ?

5 Veux-tu me donner des plaisirs ?
J'en bénis ta tendresse;
Veux-tu traverser mes désirs ?
J'adore ta sagesse.
Je sais, je vois
En qui je crois.
Ta volonté, mon Père,
Me sera toujours chère.

6 Je me jetterai dans tes bras
Si tu veux que je meure.
Mon Dieu! ne m'abandonne pas;
Viens à ma dernière heure,
Viens m'assister,
Viens transporter
Mon âme en son asile
Et je mourrai tranquillle.

G.-F. OBERLIN.

66

1 Descends, Esprit du Dieu **vivant,**
Sur notre pauvre race
Qui s'est perdue en poursuivant
L'illusion qui passe.

2 Donne-nous des langues de feu,
  La voix surnaturelle
Qui ramène les cœurs à Dieu
  Par la bonne Nouvelle!

3 De nos ténèbres, fais le jour,
  Du chaos, l'harmonie;
Chasse la haine par l'amour,
  Et la mort par la vie!

4 Prépare l'homme, Esprit divin,
  A rencontrer son Maître;
Sois comme l'air pur du matin,
  Par qui tout doit renaître.

5 Au-dessus des peuples divers,
  Que la croix resplendisse;
Au nom du Christ, dans l'univers,
  Que tout genou fléchisse!

6 Dès l'éternité, Dieu voulut
  Donner son Fils au monde.
Toute chair verra son salut;
  Par toi, qu'elle y réponde!

7 Ainsi sera glorifié
  Par toi, l'amour du Père,
Et le sang du Crucifié
  Aura conquis la terre!

R. S.

67

1 Dès le matin, Seigneur, nos âmes te bé-
[bénissent :
Au sortir du sommeil tu nous prends
[dans tes bras;
Jamais pour tes enfants tes bontés ne
[tarissent,
Et ton amour pour nous ne se fatigue
[pas.

2 Nous réclamons de toi toute grâce excel-
[lente;
Nourris-nous aujourd'hui de ton céleste
[pain;
En ton puissant secours est toute notre
[attente;
Couvre-nous à jamais de l'ombre de ta
[main.

O toi qui nous aimas plus que ta propre
[vie,
Et qui, pour nous sauver, souffris tant
[de douleurs,
Donne-nous de t'aimer d'une ardeur in-
[finie,
Et de tous nos péchés, viens délivrer
[nos cœurs.

Nous sommes pèlerins, étrangers sur la
[terre,
Et notre âme soupire après le saint sé-
[jour;
Courage, nous marchons vers la maison
[du Père,
Vers l'éternel bonheur, vers l'éternel
[amour!

Mme DEVELAY.

68

1 Des pays de l'aurore
  Aux plaines du couchant,
Partout où l'homme adore
  S'élève un cri touchant.
C'est la clameur immense
Des peuples à genoux :
« N'est-il pas de clémence,
Point de grâce pour nous ? »
En vain, dans sa détresse,
L'homme, sous tous les cieux,
Fait et détruit sans cesse
Des temples pour ses dieux,
Toute prière est vaine,
Tous ces dieux sont mortels,
Et tu meurs, foule humaine,
Au pied de tes autels!

2 O vous à qui le Père
  Par Christ s'est révélé,
Pour qui, sur le Calvaire,
  L'Agneau fut immolé;
C'est vous, c'est vous qu'appelle
Le cri des malheureux.
Car la Bonne Nouvelle,
Elle est aussi pour eux!
A toute âme flétrie,
A tout cœur désolé,
Parlez de la patrie
Dont il est exilé!
Dites-leur : crois, espère!
Et, leur prenant la main,
Conduisez-les au Père
Par Christ, le seul chemin!

R. S.

69

1 Dès que l'aube dépose
  Ses perles sur les fleurs,
Dès que s'ouvre la rose
  Aux brillantes couleurs,
Dès que l'ombre s'efface
Devant le jour qui luit,
A l'œuvre ! le temps passe,.
A l'œuvre avant la nuit!

2 Quand le soleil inonde
Et remplit le ciel bleu,
Illuminant le monde
De ses rayons de feu,
A l'œuvre sans relâche,
A l'œuvre! le jour fuit!
Si pénible est la tâche,
Bientôt viendra la nuit.

3 A cette heure indécise
Où le jour disparaît,
Où murmure la brise
A travers la forêt,
Quand le couchant se dore
Et que s'éteint le bruit,
Frères, à l'œuvre encore!
Voici, voici la nuit.

R. S.

70

1 Dieu fort et grand, tu vois toute ma vie,
Tu m'as connu, tu m'as sondé des cieux:
Où puis-je fuir ta science infinie?
Eternel Roi, tu me suis en tous lieux. *(bis)*

2 Soit que je marche ou bien que je m'ar-
[rête,
Voici, Seigneur tu te tiens près de moi;
Et pour parler quand ma langue
[s'apprête,
Tout mon dessein est déjà devant *(bis)*
[toi.

3 Vivant ou mort, dans les cieux, sur la
[terre,
Ceint de lumière ou ceint d'obscurité,
Partout ta main peut me saisir ô
[Père!
Partout sur moi ton œil est arrêté. *(bis)*

4 Que ta pensée est donc mystérieuse!
Je n'en saurais mesurer la hauteur;
A mes regards ton œuvre est mer-
[veilleuse,
Et, confondu, j'adore ta grandeur. *(bis)*

5 Connaître, ô Dieu! ton amour, ta puis-
[sance,
Sur mon sentier voir briller ta splen-
[deur,
Fonder sur toi toute mon espérance,
Sont les seuls biens que désire mon *(bis)*
[cœur.

Mme LEMIRE.

71

1 Dieu lui-même, ô mystère!
Descendant sur la terre,
A voulu se vêtir de notre infirmité.
Chétif et misérable,
Il naît dans une étable...
Nous dirons son amour pendant l'éterni-
[té *(bis)*

2 Sur une croix infâme
Voyez-le rendre l'âme,
De ses propres bourreaux portant l'ini-
Pour briser notre chaîne [quité;
Il subit notre peine...
Nous dirons son amour pendant l'éterni-
[té. *(bis)*

3 Comme on sort d'un vain rêve,
Il s'éveille... Il se lève...
Tressaillez, cieux et terre, il est ressus-
Il nous ouvre la voie, [cité!
Il nous donne sa joie...
Nous dirons son amour pendant l'éterni-
[nité. *(bis)*

4 Rentré dans la lumière,
A la droite du Père,
Il conserve envers nous la même charité;
Pour nous venir en aide
Sans cesse il intercède...
Nous dirons son amour pendant l'éterni-
[té. *(bis)*

5 Il a fait plus encore,
Et le cœur qui l'implore
Est un temple immortel par Dieu même
De notre âme ravie [habité;
Son Esprit est la vie...
Nous dirons son amour pendant l'éterni-
[té. *(bis)*

6 Il revient sur la nue;
Attendons sa venue...
Bientôt il régnera dans la sainte cité;
Partageant sa victoire,
Rayonnant de sa gloire,
Nous dirons son amour pendant l'éterni-
[té. *(bis)*

Th. MONOD.

72

1 Dieu mon rocher, j'élève à toi mes cris!
Ne sois pas sourd à mon humble prière;
A m'exaucer si ton amour diffère
Dans ma douleur je sens que je péris.

2 C'est par Jésus que je m'adresse à toi!
C'est son nom seul, son nom que je ré-
[clame.
Ah! tu ne peux repousser aucune âme
Qui sur ton Fils fonde toute sa foi.

3 Béni sois-tu! déjà tu m'as ouï.
 Toujours en toi je trouve une retraite.
 A m'affermir ta force est toujours prête.
 Aussi, Seigneur! mon cœur est réjoui.

Chants chrétiens.

73

1 Divine Parole
  Qui soutiens ma foi,
  Ta clarté console,
  Viens briller en moi.
  Lorsqu'un voile sombre,
  S'étend sur mon cœur,
  Tu dissipes l'ombre,
  D'un rayon vainqueur.

Chœur : Divine Parole
  Qui soutiens ma foi,
  Ta clarté console,
  Viens briller en moi.

2 Message si tendre
  Du Sauveur en croix,
  Qu'il est doux d'entendre
  Ces mots : « Viens et crois! »
  Par son sacrifice,
  Ineffable don,
  La loi, la justice
  Font place au pardon!   *Ch.*

3 Que ce triste monde
  T'écoute en tout lieu,
  O Bible, et réponde
  A l'appel de Dieu!
  Que toute âme humaine
  Par toi trouve enfin,
  En brisant sa chaine,
  Un bonheur sans fin!   *Ch.*

Aug. FISCH.

74

1 Divin Sauveur, toi qui vins sur la terre
 Pour y mourir sur un infâme bois,
 Le cœur ému, j'approche du Calvaire;
 Que ton Esprit m'enseigne à contempler
           [ta croix.

Chœur : Ta grâce infinie
  Vaut mieux que la vie;
  Mon cœur s'attache à toi,
  Pour te suivre avec foi!

2 Là je puis voir la grandeur de l'abîme
 Où, par amour, Jésus est descendu,
 Et les tourments de la sainte Victime
 Me disent qu'à jamais sans Christ j'étais
           [perdu.

3 Mon seul refuge est dans sa meurtrissure;
 Là, j'ai trouvé le pardon et la paix.
 Et, sous le sang qui lava ma souillure,
 Je puis de tout péché rester libre à ja-
           [mais.

4 Autrefois seul, tombant de chute en
           [chute,
 J'étais vaincu par le grand tentateur;
 Mais aujourd'hui mon Sauveur pour moi
           [lutte;
 Et son bras tout-puissant me rend plus
           [que vainqueur.

5 Jusqu'à la fin, Jésus, ma confiance
 Sera toujours dans le sang de ta croix;
 Scelle en mon cœur cette ferme assu-
           [rance,
 Et que toujours aussi j'obéisse à ta voix.

Chœur : A toi je me livre,
  Pour toi je veux vivre;
  Jésus, de ton amour,
  Remplis-moi chaque jour.
           A. FAVRE.

75

1 Douce clarté, dans la nuit qui m'enserre,
   Dirige-moi!
 La route est noire, et longue, et solitaire:
   Dirige-moi!
 Brille à mes pieds, je ne demande pas
 A voir de loin : guide-moi pas à pas!

2 Ah! je n'ai pas toujours desiré d'être
   Conduit par toi;
 Mais aujourd'hui, j'ai retrouvé mon
   Dirige-moi!   [Maître :
 Je reconnais mes fautes du passé,
 O Dieu, pardonne au pèlerin lassé!

3 N'étais-je pas, même en mes jours de
   Conduit par toi ?   [doute,
 Ravins, torrents, en vain barrent ma
   Dirige-moi!   [route
 Jusqu'à l'aurore où me seront rendus
 Mes bien-aimés un instant disparus!
           R. S.

76

1 Doux Agneau sans tache
  Qui mourus pour moi.
  Ton amour m'arrache
  Au monde, à sa loi.
  Son néant sonore
  Ne me tente plus :
  C'est toi que j'adore,
  Toi seul, ô Jésus!

2 A tes pieds j'immole
Mon orgueil, Seigneur,
La dernière idole
De mon pauvre cœur.
Ici j'abandonne
Mes fausses vertus,
Ici je me donne
A toi seul, Jésus.

3 Ta mort volontaire
Me rend immortel
Je meurs à la terre
Pour renaître au ciel.
O bonheur suprême!
O chants des élus!
Oui, c'est toi que j'aime,
Toi seul, ô Jésus!

R. S.

77

1 Du Christ Sauveur glorieuse phalange,
Rangeons-nous, rangeons-nous sous la
[croix!
Chantons, chantons l'éternelle louange
Du puissant, du puissant Roi des Rois!

2 La croix, la croix! Du chrétien seule
[gloire,
Etendard, étendard des élus!
Marchons, marchons! Nous aurons la
[victoire
Par la croix, par la croix de Jésus!

3 Le ciel, le ciel, Jésus-Christ te le donne,
Mon frère, mon frère, si tu crois!
Là-haut, là-haut, il offre une couronne
Aux soldats, aux soldats de la croix!

R. S.

78

1 Du Rocher de Jacob toute l'œuvre est·
[parfaite.
Ce que sa bouche a dit, sa main l'accom-
[plira.
Alléluia! Alléluia! (*bis*)
Car il est notre Dieu (*ter*), notre haute
[retraite!

2 C'est pour l'éternité que le Seigneur nous
[aime.
Sa grâce en notre cœur jamais ne ces-
[sera.
Alléluia! Alléluia! (*bis*)
Car il est notre espoir (*ter*), notre bon-
[heur suprême.

3 De tous nos ennemis il sait quel est le
[nombre;
Son bras combat pour nous et nous déli-
[vrera.
Alléluia! Alléluia! (*bis*)
Les méchants, devant lui (*ter*), s'enfui-
[ront comme l'ombre.

4 Louons donc l'Eternel, notre Dieu, notre
[Père.
Le Seigneur est pour nous, contre nous
[qui sera?
Alléluia! Alléluia! (*bis*)
Triomphons en Jésus (*ter*) et vivons pour
[lui plaire.

C. MALAN.

79

1 Ecoutez! Jésus lui-même
Parle au disciple abattu,
Et lui dit : « Frère, je t'aime,
Et toi, pécheur, m'aimes-tu?

2 J'ai brisé ta chaîne infâme,
J'ai guéri par mon amour
Les blessures de ton âme,
J'ai changé ta nuit en jour.

3 Une mère oublierait-elle
L'enfant qui dort dans ses bras?
Mon cœur est toujours fidèle,
Mon amour ne change pas!

4 Mon amour couvre tes crimes,
C'est un océan sans bord,
Plus profond que les abîmes,
Et plus puissant que la mort.

5 Si tu sais lutter et croire,
Quand mon jour sera venu,
Tu règneras dans ma gloire;
Dis, pauvre âme, m'aimes-tu? »

6 Maître, je ne puis encore
Rien te donner en retour,
Mais je t'aime, je t'adore;
Ah! donne-moi plus d'amour!

R. S.

80

1 Ecoutez la Bonne Nouvelle,
Vous qui n'espérez plus :
Dieu donne la vie éternelle
Par le sang de Jésus.

Chœur : Amour divin, amour sublime!
Pour nous, le Roi des rois
Quitta les cieux, sainte Victime,
Et mourut sur la croix. (*bis*)

2 La coupe amère de souffrance
  Que but le Rédempteur,
Est la coupe de délivrance
  Pour le pauvre pécheur.   *Ch.*

3 Il a remporté la victoire
  Pour nous rendre vainqueurs.
Plutôt qu'au ciel, il met sa gloire
  A vivre dans nos cœurs.   *Ch.*

4 Pourquoi, mon frère, craindre encore?
  Vers Christ lève les yeux!
Sur nous il fait briller l'aurore
  Du matin glorieux.   *Ch.*
                              R. S.

81

1 Ecoutez l'appel du Berger!
  Il sait ses brebis en danger :
  Il les appelle avec amour,
  Espérant toujours leur retour.

Chœur : Cherchons-les! Cherchons-les!
        Savons-nous le prix d'une âme?
        Cherchons-les! Cherchons-les!
        Le bon Berger les réclame.

2 Mourant de froid, de soif, de faim,
  Les brebis appellent en vain.
  Jésus nous veut pour les sauver.
  Qui va l'aider à les trouver?   *Ch.*

3 Ne peut-il pas compter sur nous?
  Ne voulons-nous pas aller tous
  Dire à tous ceux qui sont perdus
  Que nous les voulons pour Jésus? *Ch.*

                    Ch. ROCHEDIEU.

82

1 Ecoutez le cri d'agonie
  Du Christ à la croix attaché;
  Sous le poids de l'ignominie
  Son front tout sanglant est penché.
  Il a vidé l'amer calice
  Que nos crimes avaient rempli;
  L'amour embrasse la justice;   *(bis)*
  Désormais, *tout est accompli.*

2 Cette parole, c'est Dieu même
  Qui la dit à l'humanité!
  Entendez-vous ce cri suprême
  De souffrance et de liberté?
  Oui, sa colère est désarmée,
  Satan vaincu, l'homme ennobli;
  La loi divine est consommée,   *(bis)*
  Désormais, *tout est accompli.*

3 Pourquoi gémir, âme oppressée?
  Regarde à Jésus expirant;
  Qu'à lui s'élève ta pensée :
  C'est à toi qu'il pense en mourant.
  Pourquoi trembler sous le tonnerre
  Et les éclairs du Sinaï?
  Regarde au Sauveur débonnaire, *(bis)*
  Et crois que *tout est accompli!*
                              R. S.

83

1 Ecoutez! un saint cantique
  Vient d'éclater dans les cieux :
  C'est un hymne magnifique,
  C'est un chant simple et joyeux.
  Les voix parcourant l'espace,
  Disent aux humains surpris :
  « La loi fait place à la grâce,
  Et Moïse à Jésus-Christ. »

2 La promesse est accomplie,
  Le salut nous est donné;
  En Christ, Dieu réconcilie
  Sa justice et sa bonté.
  L'heure de la délivrance
  Pour les captifs a sonné;
  C'est la nouvelle alliance,
  L'enfant Jésus nous est né. »

3 Et soudain, perçant le voile
  Du firmament ténébreux,
  L'éclat nouveau d'une étoile
  Vers Juda jette ses feux.
  Les mages, à sa lumière,
  Accourent de l'Orient;
  Et pour rendre gloire au Père,
  Ils vont adorer l'enfant.

4 Ce Jésus est notre Frère,
  Il a vécu parmi nous;
  Il a pris notre misère,
  Pécheurs, Il est mort pour nous.
  Sa charité nous enlace,
  Il veut régner sur nos cœurs;
  Sachons accepter sa grâce!
  Jésus, sois notre Sauveur!

                    Alfred ANDRÉ.

84

1 En Christ seul est mon espérance;
  Sa justice est mon assurance.
  Il est devant Dieu mon appui;
  Je n'en veux point d'autre que Lui.

Chœur : Jésus est ma retraite sûre,
        Le Rocher en qui je m'assure.

2 Tout autre asile est périssable;
Tout autre appui n'est que du sable.
Qui n'a posé ce fondement
Travaille et souffre vainement. *Ch.*

3 Lorsque sur moi s'abat l'orage,
Sa croix ranime mon courage.
Quand tout faiblit autour de moi,
Sa présence soutient ma foi. *Ch.*

4 Et quand la dernière tempête
Fondra, terrible, sur ma tête,
Comme lui, vainqueur de la mort,
J'entrerai radieux au port. *Ch.*

R. S.

85

1 En expirant, le Rédempteur
Laissa, don suprême,
A son peuple un Consolateur :
Dieu lui-même.

2 Dans tous les cœurs l'Hôte divin
Veut prendre une place,
Et personne n'implore en vain
Cette grâce.

3 Sans se lasser, sa douce voix
Console ou châtie,
Et tout bas nous chante parfois
La Patrie!

4 Toutes nos vertus sont le fruit
Dont il est la sève,
Il commence l'œuvre, et c'est lui
Qui l'achève.

5 Esprit de lumière et de paix,
Ah! que dès cette heure,
Nos cœurs deviennent à jamais
Ta demeure!

R. S.

86

1 Entendez-vous l'appel du Maître?
Il dit : Jeune homme, lève-toi!
Nous voici tous : nous voulons être
Dociles à ta sainte loi.

Ch. : A toi, Jésus, notre jeunesse,
A toi, l'ardeur de notre amour,
A toi, malgré notre faiblesse,
A toi, jusques au dernier jour!

2 Nous avons soif de ta lumière,
Soif d'amour et de sainteté;
Et nous voulons sous ta bannière
Combattre sans timidité. *Ch.*

3 Oh! tends-nous donc ta main puissante
Pour nous conduire pas à pas,
Et quand soufflera la tourmente,
Protège-nous entre tes bras! *Ch.*

4 Rends-nous vaillants comme nos pères,
Animés de la même foi,
Vivant comme eux, chrétiens austères,
Et, s'il le faut, mourant pour toi! *Ch.*

G. GRANIER.

87

1 Entends-tu? Jésus t'appelle,
Viens, ô pécheur, il t'attend...
A cette voix si fidèle,
Tu résistas trop souvent!

Chœur : Laisse entrer le Roi de gloire;
Ouvre ton cœur à Jésus!
Laisse entrer le Roi de gloire;
Hâte-toi! ne tarde plus!

2 Pour le péché, pour le monde,
Tu trouves place en ton cœur...
Point pour le Sauveur du monde,
Rien pour l'homme de douleur! *Ch.*

3 Jésus frappe, il frappe encore,
Ouvre à ton Libérateur,
Et pour toi luira l'aurore
Du véritable bonheur! *Ch.*

4 Aujourd'hui, c'est jour de grâce,
Ne compte pas sur demain
Pendant que ton Sauveur passe,
Saisis sa puissante main. *Ch.*

A. HUMBERT.

88

1 Entre tes mains j'abandonne
Tout ce que j'appelle mien.
Oh! ne permets à personne,
Seigneur, d'en reprendre rien!
Oui, prends tout, Seigneur! (*bis*)
Entre tes mains j'abandonne
Tout avec bonheur.

2 Je n'ai pas peur de te suivre
Sur le chemin de la croix.
C'est pour toi que je veux vivre,
Je connais, j'aime ta voix.
Oui, prends tout, Seigneur! (*bis*)
Sans rien garder je te livre
Tout avec bonheur.

3 Tu connais mieux que moi-même
Tous les besoins de mon cœur;
Et, pour mon bonheur suprême,
Tu peux me rendre vainqueur :
 Oui, prends tout, Seigneur! (*bis*),
 Je ne vis plus pour moi-même,
 Mais pour mon Sauveur.

4 Prends mon corps et prends mon âme;
Que tout en moi soit à toi;
Que par ta divine flamme
Tout mal soit détruit en moi!
 Oui, prends tout, Seigneur! (*bis*)
 Prends mon corps et prends mon âme;
 Règne sur mon cœur!

C. ROCHEDIEU.

89

1 Esprit divin, Esprit de flamme,
Viens des cieux embraser notre âme!
Esprit de consolation,
Répands sur nous ton onction;
Dans notre cœur, ton sanctuaire,
Verse la vie et la lumière.

2 Viens de nos yeux tarir les larmes,
Dissiper nos vaines alarmes,
Et, de ta force armant nos cœurs,
Du péché nous rendre vainqueurs.
Illumine la sombre voie
Qui mène à l'éternelle joie.

3 Gloire à l'Esprit, de qui procède
Tout bienfait, qui soupire, plaide,
Pour le pécheur, humble et contrit.
O Père, ô Fils, ô Saint-Esprit,
Nos cœurs, pleins d'amour et de crainte,
T'adorent, ô Trinité Sainte!

R. S.

90

1 Esprit saint, Dieu puissant, que mécon-
[naît le monde,
Ton pouvoir sur les cœurs est un secret
[pour lui;
Mais l'Eglise est à toi, ta grâce en elle
[abonde,
Ton souffle la ranime, et quand ton jour
[a lui,
Sous ton divin regard elle devient fé-
[conde;
C'est toi qui la maintiens dans une paix
[profonde, (*bis*)
Loin des murs de Sion le malin s'est
[enfui.

2 Puissant Consolateur, que ta visite est
[chère!
Qui dira tes bienfaits et tes gratuités
Dans la maison de deuil, au sein de la
[misère,
Dans les afflictions de tous les rachetés?
Quand tu descends vers nous envoyé par
[le Père,
Sur nos sentiers obscurs tu répands la
[lumière, (*bis*)
Et tu rends le courage à nos cœurs at-
[tristés.

3 Viens à notre secours, oh! viens, Esprit
[de grâce!
Lorsque vers le Seigneur nos regards
[sont tournés,
Dicte-nous l'oraison qui seule est effi-
[cace;
Et quand nous nous sentons par le doute
[enchaînés,
Ne sachant point prier avec assez d'au-
[dace,
Viens augmenter en nous cette foi qui
[nous place (*bis*)
Au nombre des vainqueurs, par ta main
[couronnés!

GALLAND.

91

1 Est-il bien vrai que tu pardonnes,
Seigneur, un pécheur tel que moi?
Est-il bien vrai que tu me donnes
Tout ton ciel, pour un peu de foi?
Quoi, ce passé qui m'humilie,
Ce noir passé, plein de folie,
Ton amour l'aurait effacé,
Pareil à quelque affreux nuage,
Qui semblait tout gonflé d'orage,
Et qu'un souffle aurait dispersé?

2 Mais, grand Dieu, pourquoi douterais-je?
Ton nom n'est-il pas : Charité?
Pardonner est le privilège,
De la suprême Majesté.
Pour satisfaire ta justice,
Voici l'agneau du sacrifice :
Ton Fils qui fut livré pour moi!
Amour qui passe toute chose,
Son sang versé gagne ma cause,
Et me rend libre par la foi!

3 Oh! grâce, grâce imméritée!
Amour profond comme la mer!
Lorsque mon âme est attristée
Par quelque souvenir amer,

Il me suffit d'une parole,
Pour que toute crainte s'envole :
« Pauvre pécheur, regarde et crois,
Crois à l'amour qui seul demeure! »
O Christ, que je vive et je meure
Le regard fixé sur ta croix!

R. S.

92

1 Est-il bien vrai, Seigneur, qu'un fils de
[la poussière
A ton festin d'amour par toi soit invité?
Pour titre à tes faveurs je n'ai que ma
[misère :
Mon seul droit, c'est ta charité! (*bis*)

2 Du Dieu qui nous créa, consolante assu-
[rance!
Lui-même s'est chargé de toutes nos lan-
[gueurs;
Pour prix de tant d'amour et tant de
[souffrance,
Il ne demande que nos cœurs. (*bis*).

3 Je viens donc, altéré de pardon, de jus-
(tice,
Recevoir de ta main les symboles tou-
[chants
Qui retracent ici ton sanglant sacrifice
Au souvenir de tes enfants. (*bis*)

4 Toi qui m'as tant aimé, qui lavas ma
[souillure,
Qui dans mon cœur troublé fis descendre
[la paix,
O Jésus, pain du ciel, deviens ma nour-
[riture,
Et qu'en toi je vive à jamais! (*bis*)

5 Oui Seigneur, en toi seul je veux trouver
[ma vie;
J'ai vécu trop longtemps du monde et du
[péché :
A ta brebis lassée ouvre la bergerie,
Et dans ton sein tiens-moi caché. (*bis*)

Mlle DE CHABAUD-LATOUR.

93

1 Eternel, ô mon Dieu, j'implore ta clé-
[mence :
Indigne de pardon devant ta sainteté,
Je n'ai droit, je le sens, qu'à ta juste
[vengeance,
Car ton œil est trop pur pour voir l'ini-
[quité.

2 Du juste seul tu dois exaucer la prière :
Mais il n'est qu'un seul juste, et ce juste
[c'est toi,
Toi qui vins en ton Fils partager ma
[misère;
Et ce Fils aujourd'hui veut t'implorer
[pour moi.

3 Je suis le criminel, Jésus souffre à ma
[place;
Par sa mort, il m'arrache à l'éternel tré-
[pas.
Que, lavée en son sang, mon âme trouve
[grâce,
Et que ton Esprit saint vienne guider
[mes pas!

4 Seigneur, qu'aux doux rayons du Soleil
[de justice
Je sente un nouveau cœur en moi s'épa-
[nouir!
Qu'en tout temps, en tout lieu, mon âme
[te bénisse!
De foi, de charité, daigne, ô Dieu, la
[remplir!

Dr LAMOUROUX.

94

1 Etoile d'or, céleste messagère,
Reine parmi les astres du matin.
Fais jusqu'à nous resplendir ta lumière,
Et conduis-nous près de l'Enfant divin.
Bien qu'il soit né dans une hôtellerie
Où de berceau la paille lui tient lieu,
Nous saluons dans le fils de Marie
Notre Sauveur, notre Roi, notre Dieu!

2 Mais que donner à ce Dieu qui se donne?
Tous nos présents, de souillure entachés,
Que valent-ils auprès de la couronne
Qu'il a quittée en prenant nos péchés?
Ce bon Sauveur ne veut pas d'autre of-
[frande
Qu'un cœur contrit, plein d'amour et de
[foi,
Ah! donnons-lui ce cœur qu'il nous de-
[mande,
Et que l'Enfant nous courbe sous sa loi!

R. S.

95

1 Etranger sur la terre,
Je marche avec bonheur
Vers la maison du Père,
Vers la maison où m'attend le **Seigneur**

Ch. : Oh! quand sera-ce que, face à face,
Pour toujours près de toi,
Je te verrai, mon Roi?

2 C'est là qu'au chœur des anges,
Pendant l'éternité,
J'unirai mes louanges | (*bis*)
Pour donner gloire à sa fidélité. |
Ch.

3 C'est là, devant le trône,
Qu'avec tous les élus,
Je prendrai ma couronne, | (*bis*)
Pour la jeter à tes pieds, ô Jésus! |
Ch.

4 Ainsi, plein d'allégresse,
Conduit par ton amour,
Je veux marcher sans cesse, | (*bis*)
O mon Sauveur! vers ton divin séjour. |
Ch.

E. BUDRY.

96

(*Voir au n° 406*)

97

1 Frère, quand ton âme est lassée,
Oh! pense au royaume des cieux!
Elève, élève ta pensée
Vers ce séjour des bienheureux,

Chœur : Vers les cieux (*bis*)
Oh! pense au royaume des cieux.
Vers les cieux (*ter*)
Oh! pense au royaume des cieux.

2 Ce royaume, c'est ta patrie,
Jésus-Christ t'en fit citoyen;
Elle ne peut t'être ravie,
Marche donc en paix, ô chrétien,

Chœur : Vers les cieux, etc...

3 Là-haut s'épanouit la vie
Au sein de l'immortalité.
La justice, au bonheur unie,
Fleurit toute l'éternité,

Chœur : Dans les cieux (*bis*)
Oh! pense au royaume des cieux
Dans les cieux (*ter*)
Oh! pense au royaume des cieux.

4 Quelques jours d'épreuve encore,
Et puis, traversant le tombeau,
Tu verras resplendir l'aurore
D'un jour sans fin, d'un jour nouveau,

Chœur : Dans les cieux, etc...

C. PASCAL.

98

1 Frères, prions! le jour décline,
Et tout s'emplit de majesté.
L'ombre descend de la colline;
Des cloches la voix argentine
Semble annoncer l'Eternité! (*bis*)

2 Frères, veillons! La nuit est noire;
Au ciel une pâle clarté
Brille seule, mais je veux croire
Que bientôt je verrai ta gloire,
O radieuse Eternité! (*bis*)

3 Frères, chantons! Voici l'aurore!
Voici le Roi dans sa beauté!
De sa splendeur le ciel se dore;
O Jésus! mon âme t'adore,
Car tu m'ouvres l'Eternité! (*bis*)

R. S.

99

1 Gémissant sous l'esclavage,
Dans la sombre nuit,
Amis, reprenez courage :
Déjà l'aube luit.
Ch. : Oh! joyeuse espérance!
Voici la délivrance!
Nous connaissons la puissance
De notre grand Libérateur,
Et nous vous disons : Confiance,
Venez, donnez-lui votre cœur.

2 Que de larmes, que de chutes
Dans la sombre nuit!
Voici la fin de vos luttes :
Déjà l'aube luit.   *Ch.*

3 Prenant en dégoût la vie,
Cœurs découragés,
Que pourrait votre énergie,
Pauvres naufragés?   *Ch.*

4 Sans cesse à nouveau vaincue,
Dans la sombre nuit,
Votre pauvre âme abattue
Ne croit plus en Lui...   *Ch.*

5 Lui, qui fit tomber nos chaînes
Et nous affranchit,
Voit aussi vos luttes vaines
Dans la sombre nuit...

Ch. : Oh! joyeuse espérance!
Voici la délivrance!
Croyez donc à la puissance
De notre grand Libérateur,
Et venez avec confiance,
Venez, donnez-Lui votre cœur!

Ch. ROCHEDIEU.

100

Gloire à Dieu notre Créateur !
Gloire à Christ notre Rédempteur !
Gloire à l'Esprit Consolateur !
Louange et gloire au Dieu Sauveur !

Chants Evangéliques.

101

1 Gloire, gloire à l'Eternel !
Qu'un cantique solennel (*bis*)
De nos cœurs monte à son trône.
Quand il crée, oh! qu'il est grand! (*bis*)
Qu'il est juste en punissant,
Qu'il est bon quand il pardonne!

2 Il commande... et le néant
Tressaille au premier accent (*bis*)
De sa parole vivante ; .
Et des astres radieux (*bis*)
Sa main jette dans les cieux
La poussière étincelante.

3 Il accuse, et le pécheur,
Devant cet Accusateur, (*bis*)
Sent sa profonde misère,
Et s'écrie, en son effroi : (*bis*)
Montagnes, tombez sur moi,
Cachez-moi de sa colère!

4 Mais l'âme à qui le Seigneur
S'est donné pour Rédempteur (*bis*)
Goûte une paix ineffable :
Objet d'un si grand amour, (*bis*)
Elle se donne en retour
A ce Sauveur adorable.

5 O Dieu! que tes rachetés
Toujours chantent les bontés (*bis*)
De Celui qui leur pardonne!
Gloire, gloire à l'Eternel! (*bis*)
Ce cantique solennel
Montera jusqu'à son trône!

Dr LAMAUROUX.

102

1 Golgotha! mont de la victoire,
Plus rayonnant que le Thabor!
A travers les âges, ta gloire
Jusqu'à nous resplendit encor.

2 C'est ici la lutte suprême!
Là, pour une âme à conquérir,
Le Fils de Dieu s'offre lui-même
Et ne peut vaincre sans mourir.

3 C'est ici que Dieu se révèle,
Et qu'il fait naître, ô charité!
Pour peupler la terre nouvelle
Une nouvelle humanité!...

4 Je veux ici dresser ma tente;
Près de la croix je veux m'asseoir;
Je veux y vivre dans l'attente,
Je veux y prier jusqu'au soir...

5 Oui, jusqu'à ce moment suprême
Où le martyr de Golgotha
Viendra chercher celui qu'Il aime,
Et qu'en mourant Il racheta!

R. S.

103

1 Grâce! douce parole
Pour le cœur soucieux;
Mot qui relève, qui console,
Et nous ouvre les cieux!

2 Grâce! joyeux message
Que Christ nous apporta,
Et dont il a donné pour gage
Sa vie en Golgotha!

3 Ah! que ta grâce inonde
Mon cœur par toi joyeux!
Où trouver un mot qui réponde
Comme elle à tous mes vœux?

4 Comme un soleil, rayonne
Ta grâce sur mes jours;
Elle est ma gloire et ma couronne,
Elle est mon seul secours!

R. S.

104

1 Grand Dieu, nous te bénissons,
Nous célébrons tes louanges;
Eternel, nous t'exaltons
De concert avec les anges,
Et, prosternés devant toi, ⎫ (*bis*)
Nous t'adorons, ô grand Roi! ⎭

2 Puisse ton règne de paix
S'étendre par tout le monde;
Dès maintenant à jamais,
Que sur la terre et sur l'onde,
Tous genoux soient abattus ⎫ (*bis*)
Au nom du Seigneur Jésus! ⎭

3 Gloire soit au Saint-Esprit!
  Gloire soit à Dieu le Père!
  Gloire soit à Jésus-Christ,
  Notre Sauveur, notre frère;
  Son immense charité   } (bis)
  Dure à perpétuité.

EMPEYTAZ.

105

1 Grand Dieu, nous te louons, nous t'ado-
                            [rons, Seigneur,
  Et nous voulons chanter un hymne à ton
                                  [honneur.
  L'univers tout entier te craint et te révère
  Comme son Créateur, son Monarque et
                                  [son Père.

2 Les Trônes, les Vertus, les esprits bien-
                                 [heureux
  Qui contemplent ravis, ton pouvoir mer-
                               [veilleux,
  Les chœurs des séraphins, des chéru-
                          [bins, des anges,
  Sans jamais se lasser, célèbrent tes
                               [louanges.

3 Saint, saint, saint, disent-ils dans leurs
                            [pieux concerts
  Est le Dieu souverain, le Roi de l'uni-
                                  [vers!
  Ta gloire et ta grandeur remplissent tout
                            [le monde;
  Tout marque ton pouvoir : le ciel, la
                          [terre et l'onde.
4 Tous prêchent ta puissance et ta fidélité,
  Ta sagesse infinie et ta grande bonté :
  Tes apôtres, tes saints, tes martyrs, tes
                            [prophètes,
  Tes ministres sacrés, tes divins inter-
                              [prètes.

B. PICTET.

106

1 Grand Dieu, ta souveraine grâce
  A daigné venir jusqu'à moi!
  Ta miséricorde surpasse
  Tout ce que je savais de toi;
  A la louange de ta grâce
  S'élève l'hymne de ma foi! (bis)

2 J'avais mérité ta colère
  Et j'ai trouvé grâce à tes yeux!
  Pour moi, ton Fils, sur le Calvaire,
  A versé son sang précieux...
  O grâce, ineffable mystère
  Qui m'ouvre la porte des cieux! (bis)

3 Hélas! dans ma folie extrême,
  Seigneur, je ne te cherchais pas;
  Tu daignas me chercher toi-même,
  Ta grâce a brillé sur mes pas...
  Maintenant, ô Père, je t'aime,
  Et je suis heureux dans tes bras. (bis)

4 Ma coupe est pleine, elle déborde;
  Dieu m'a fait grâce, ô quel bonheur!
  J'exalte la miséricorde
  De mon Père et de mon Sauveur,
  Et pour les bienfaits qu'il m'accorde
  Je répands devant lui mon cœur. (bis)

5 Nul ne me ravira ma joie;
  De l'enfer je brave l'effort!
  La grâce illumine ma voie,
  Elle me mène vers le port...
  Que ta grâce en moi se déploie,
  Seigneur, à l'heure de la mort! (bis)

R. S.

107   (Psaume 32)

1 Heureux celui de qui Dieu par sa grâce,
  Et les erreurs et les fautes efface;
  Heureux celui de qui tous les péchés
  Devant son Dieu sont couverts et cachés.
  Heureux enfin, cent fois heureux, j'estime
  L'homme à qui Dieu n'impute point son
                              [crime,
  Et qui malgré les faiblesses qu'il sent,
  De toute fraude au moins est innocent.

2 Aussi longtemps que, gardant le silence,
  J'ai refusé d'avouer mon offense,
  Mon cœur mauvais gémissait loin de toi,
  Et nuit et jour se consumait en moi;
  Car je sentais, Seigneur, ta main puis-
                              [sante
  Pour m'accabler, devenir plus pesante,
  Et ma vigueur, dans cette extrémité,
  Se desséchait comme un champ dans
                              [l'été.

3 Mais aussitôt que sans hypocrisie,
  J'ai déploré les fautes de ma vie,
  Dès que j'ai dit : Confessons mon for-
  De ton pardon j'ai ressenti l'effet. [fait,
  Ainsi celui que ton amour éprouve
  Te cherchera dans le temps qu'on te
                              [trouve;
  Des grandes eaux le flot peut déborder :
  De tout péril ta main sait le garder.

4 En toi, Seigneur, je trouve un sûr asile,
  Rien ne m'alarme et mon âme est tran-
                              [quille;

Et chaque jour j'ai de nouveaux sujets
De te louer du bien que tu me fais.
Justes, venez, célébrez-le sans cesse,
Exaltez-le par des chants d'allégresse,
Et qu'à jamais ceux qui sont droits de
[cœur
Trouvent leur joie à bénir le Seigneur!

C. MAROT.

108

1 Honneur aux vaillants, aux braves,
  Aux soldats de Dieu
Qui, même chargés d'entraves,
  Luttent en tout lieu.

Chœur : Jésus-Christ leur donne
  Un cœur libre et fort
  Et leur promet la couronne
  Quand viendra la mort.

2 Qu'on les raille ou les immole,
  Fermes jusqu'au bout,
On les voit, devant l'idole,
  Seuls rester debout !   *Ch.*

3 Joignant l'amour au courage,
  Ces nobles lutteurs
Du monde qui les outrage
  Sont les bienfaiteurs.   *Ch.*

4 Ils s'en vont... et l'on oublie
  Leurs noms, leurs combats,
Mais leur sublime folie
  Ne périra pas !
Chœur : C'est toi qui leur donnes
  Un cœur libre et fort,
  Et leur promets des couronnes
  Quand viendra la mort!

R. S.

109

1 Hosanna ! Béni soit le Sauveur débon-
[naire
Qui vers nous, plein d'amour, descend
[du sein du Père.
Béni soit le Seigneur qui vient des plus
[hauts cieux
Apporter aux humains un salut glo-
[rieux! (*bis*)

2 Hosanna! Béni soit le Prince de la vie!
Que de joie, en son nom, notre âme soit
[ravie!
Qu'en des accents nouveaux elle éclate
[aujourd'hui;
Que tout enfant de Dieu tressaille devant
[Lui. (*bis*)

3 Hosanna! Béni soit cet ami charitable
Que le plus grand pécheur va trouver fa-
[vorable!
Humble et sans apparat, sous notre hu-
[manité
Il a voilé l'éclat de sa divinité. (*bis*)

4 Hosanna! béni soit Jésus notre justice!
Pour nous, pauvres pécheurs, il s'offre
[en sacrifice;
Ce fils du Dieu très-haut, ce puissant Roi
[des rois,
Pour nous ouvrir le ciel vient mourir
[sur la croix (*bis*)

5 Hosanna! Rachetés! peuple libre et fidèle,
Répétez Hosanna! pleins d'une ardeur
[nouvelle
C'est votre hymne d'amour, c'est votre
[chant de paix.
Que ce chant parmi vous retentisse à ja-
[mais! (*bis*)

C. MALAN.

110

1 Ici-bas ma carrière
  Va finir pour jamais;
Je vais dormir dans la poussière
  Avec ceux que j'aimais.
  O Jésus, sois ma vie!
  Source des biens cachés,
Prends mon âme et la purifie,
  Efface (*ter*) mes péchés.

2 Quelques soleils encore
  Sur moi se lèveront,
Puis la céleste et douce aurore
  Brillera sur mon front.
  O Christ, ô ma justice,
  Source des biens cachés,
Rends-moi cette aurore propice :
  Efface (*ter*) mes péchés.

3 Encor quelques orages,
  Et, par le flot porté,
J'aborderai les doux rivages
  De l'immortalité.
  Vers toi, divine Etoile,
  Tiens mes yeux attachés;
De la mort dissipe les voiles...
  Efface (*ter*) mes péchés.

R. S.

111

1 Il est là-haut! Nous nous courbons, ô
[Père!
Car mieux que nous tu sais ce qu'il nous
[faut.

Le pèlerin a fini sa carrière,
Il n'est point là sous le marbre ou la
[pierre :
Il est là-haut, Il est là-haut!

2 Il est là-haut! Car, soldat sous les armes,
Il a vaincu lors du dernier assaut!
Il est heureux, loin des maux, des alar-
[mes
Et nous chantons, au travers de nos lar-
[mes :
Il est là-haut! Il est là-haut!

3 Il est là-haut! Dans la sainte lumière,
Il resplendit sans ombre, sans défaut.
Il nous attend dans les parvis du Père.
Oh! quel revoir, lorsqu'on dira sur
[terre :
Ils sont là-haut! Ils sont là-haut!

R. WENNAGEL.

112

1 Il est né, le Roi du monde,
Le Christ, le Libérateur!
Que la terre au ciel réponde
D'une voix, d'un même cœur :

Chœur : Dans l'étable misérable
Contemplez ce nouveau-né!
A la terre, ô mystère!
Dieu lui-même s'est donné!

2 A tes pieds, Roi sans couronne,
Jésus, nous courbons nos fronts.
Ta crèche est pour nous un trône,
C'est là que nous t'adorons.   *Ch.*

3 En notre âme viens renaître,
O Christ, elle a soif de Toi!
Elle veut t'avoir pour Maître
Humble enfant, glorieux Roi!   *Ch.*

R. S.

113

1 Il est un ami fidèle
Qui chérit les enfants;
Sans se lasser appelle
Les petits et les grands,
Qui sur eux à toute heure
Se penche, plein d'amour,
Un Ami qui demeure
Le même chaque jour.

2 Je connais un sûr Pilote
Qui dirige et conduit
Notre âme que ballotte
L'océan dans la nuit;

Qui, surveillant sans cesse
Les vagues en courroux,
Nous voyant en détresse
Leur dit : « Apaisez-vous! »

3 Il est un riant rivage
Où nous attend Jésus,
Où le bruit de l'orage
Ne nous troublera plus.
Là cessent nos alarmes;
Tout sera joie et paix;
Plus de péché, les larmes
N'y couleront jamais.

4 Il existe une couronne
Pour les enfants pieux,
Qui pour toujours rayonne
Et resplendit sur eux.
Céleste diadème
Aux éclatants fleurons
Que le Seigneur lui-même
Posera sur leurs fronts!

5 Il est un divin cantique
Aux sons mélodieux
Que le chœur angélique
Entonne dans les cieux;
Ce chant suave et tendre
En l'honneur de l'Agneau
Qu'il fera bon l'entendre!
C'est de tous le plus beau!

Aug. FISCH.

114

1 Il est un brillant paradis,
Où le céleste Père
Recueille et garde réunis
Ses saints dans la lumière.

Ch. : Vers cet asile glorieux
Elevons un regard pieux;
Bientôt, près de Jésus aux cieux,
Nous serons pour toujours heureux.
Quoi! pour toujours heureux?
Oui, pour toujours heureux!   (bis)
Bientôt, près de Jésus aux cieux,
Nous serons pour toujours heureux.

2 Là-haut, sont allés avant nous
Tant de cœurs pleins de zèle,
Dont, au céleste rendez-vous
L'amitié nous appelle.   *Ch.*

3 Là-haut, la plus faible lueur
D'ujour qui les inonde
Ferait pâlir et la splendeur
Et le bonheur du monde.   *Ch.*

4 Veillons! que du divin amour
  Notre âme soit nourrie,
Pour nous retrouver tous un jour
  Dans la sainte patrie.   *Ch.*

115

1 Il est une race immortelle,
  Marquée au front du sceau de Dieu;
  L'enfer recule devant elle,
  La paix l'accompagne en tout lieu.
  Cette race, née au Calvaire,
  Du cœur percé de Jésus-Christ,
  C'est l'Eglise, sel de la terre,
  Peuple nouveau du Saint-Esprit.

2 Elle est la lumière du monde;
  Reine et rebut des nations,
  Elle n'est jamais plus féconde
  Qu'au sein des persécutions;
  Car Celui qui lui donna l'être
  La suit d'un regard paternel,
  Et le sang dont Il la fit naître
  Garde son pouvoir éternel!

3 Elle est ici-bas la colonne
  Et l'appui de la vérité,
  Elle est le phare d'où rayonne
  La Grâce sur l'humanité.
  O Grâce, ô divine lumière!
  Tu luis jusque dans nos tombeaux,
  Et de cette indigne poussière
  Fais surgir des hommes nouveaux!

4 Mon frère, à la race immortelle
  Ne veux-tu pas appartenir?
  En vain, loin du Dieu qui t'appelle,
  Le péché veut te retenir :
  Apporte à la croix de ton Maître
  L'aveu tremblant d'une humble foi...
  Crois seulement! Croire, c'est naître!
  Enfant de Dieu, réjouis-toi!

5 Pour toi, le ciel se met en fête :
  Il compte un racheté de plus;
  Pour toi la couronne s'apprête,
  La palme promise aux élus;
  Sur toi l'Esprit met son empreinte,
  Et cette onction te fait roi...
  Nouveau fils de la race sainte,
  Réjouis-toi, réjouis-toi!
                              R. S.

116

1 Il est une sainte guerre,
  Il est un combat divin
  Entre le ciel et la terre,
  Entre le mal et le bien.

Certaine est notre victoire;
  Luttons sans trêve et sans peur,
  Nous combattons pour la gloire
  De Jésus le Rédempteur.

2 La justice est notre armure,
  La foi notre bouclier;
  La vérité pour ceinture,
  Doit à jamais nous lier;
  C'est une épée invincible,
  Qu'on voit briller dans nos mains;
  C'est la Parole infaillible
  Du Dieu sauveur des humains.

3 Sous la bannière immortelle,
  Les cœurs en haut nous marchons;
  De la patrie éternelle,
  Pas à pas nous approchons;
  Après la lutte suprême,
  La couronne nous attend;
  Jésus la mettra lui-même
  Sur le front du combattant!
                        Ed. MONOD.

117

1 Il est une verte colline,
    Qu'un jour, portant sa croix,
  Et le front couronné d'épine, (*bis*)
    Gravit le Roi des rois.

2 Ah! qui dira quelle souffrance
    Il subit en ce lieu,
  Lorsque pour nous, amour immen-
    Mourut le Fils de Dieu!   [sel (*bis*)

3 Pour que notre âme fût sauvée
    Et recueillie aux cieux,
  Il fallait qu'elle fût lavée (*bis*)
    Dans son sang précieux!

4 Nul autre ne lui fut semblable :
    Le juste et saint Agneau
  Pouvait seul ouvrir au coupable
    Les portes du tombeau.

5 Tendresse! tendresse infinie!
    En retour, ô mon Roi,
  Je veux t'aimer toute ma vie (*bis*)
    Et pratiquer ta loi.
                              R. S.

118

1 Il est un jour où le doux nom
  De Jésus est plus doux encore,
  Où, réjoui par son pardon,
  Plus que jamais le cœur adore :
    C'est toi, Noël!

2 Il est un jour où le foyer
  Le plus désert et le plus sombre
  Tout à coup semble s'égayer
  Et comme rayonner dans l'ombre :
      C'est toi, Noël !

3 Il est un jour où des enfants
  Plus douce encor la voix s'éveille,
  Où, pour mieux entendre leurs chants,
  Dieu lui-même prête l'oreille :
      C'est toi, Noël !

4 Il est un jour où les petits
  En s'endormant, croient voir des anges
  Voler au-dessus de leurs lits,
  Avec des bruits d'ailes étranges :
      C'est toi, Noël !

5 Il est un jour où l'indigent
  Voit tout cœur s'ouvrir à sa plainte,
  Où le fort devient indulgent,
  Où le faible n'a plus de crainte :
      C'est toi, Noël !

6 Il est un jour où le bonheur
  Va chercher la souffrance obscure,
  La rencontre et lui dit : « Ma sœur,
  Viens, je guérirai ta blessure ! »
      C'est toi, Noël !

7 Il est un jour où l'âme en deuil
  Elle-même un instant respire,
  Et trouve encor, près d'un cercueil,
  Un peu de force pour sourire :
      C'est toi, Noël !

8 Aussi, pour fêter ton retour,
  Pas une bouche n'est muette !
  Avec ardeur, avec amour,
  Pas une voix qui ne répète :
      C'est toi, Noël !
              TOURNIER.

118 (*bis*)

1 Il est un jour où le doux nom
  De Jésus est plus doux encore,
  Où, réjouis par son pardon,
  Plus que jamais le cœur adore !
  O jour aimable et solennel,
      C'est toi, Noël !

2 Il est un jour où le foyer
  Le plus désert et le plus sombre
  Tout à coup semble s'égayer
  Et comme rayonner dans l'ombre,
  O jour aimable et solennel,
      C'est toi, Noël !

3 Il est un jour où des enfants
  Plus douce encor la voix s'éveille,
  Où, pour mieux entendre leurs chants,
  Dieu lui-même prête l'oreille !
  O jour aimable et solennel,
      C'est toi, Noël !

4 Aussi pour fêter ton retour,
  Pas une bouche n'est muette !
  Avec ardeur, avec amour,
  Pas une voix qui ne répète :
  Noël, Noël est de retour
      Oh ! le beau jour !
              L. TOURNIER.

119

1 Il est un pays bienheureux
  Où les larmes sont inconnues ;
  La foi le découvre à nos yeux,
  Bien qu'il soit au-delà des nues.

Ch. : Dans ce doux avenir
      Bientôt Dieu va nous réunir.

2 Plus de péché, plus de douleur ;
  Entre nous et Dieu, plus de voiles !
  De Christ reflétant la splendeur,
  Nous luirons comme des étoiles.   *Ch.*

3 Sur ce rivage fortuné,
  Nos voix rediront les louanges
  De Celui qui nous a donné
  Une place au-dessus des anges.   *Ch.*
              R. S.

120

1 Il est un roc séculaire
  Que Dieu, pour mon cœur lassé,
  Comme un abri tutélaire
  Au sein des flots a placé.

Ch. : Mon rocher, ma forteresse,
      Mon asile protecteur,
      Mon recours dans la détresse,
      C'est Jésus, le Rédempteur !

2 A mes pieds l'océan gronde ;
  Le vent siffle autour de moi...
  Sur Christ, mon rocher, je fonde
  Mon espérance et ma foi.   *Ch.*

3 En vain l'ouragan fait rage,
  Et nulle clarté ne luit,
  Paisible au sein de l'orage,
  J'attends l'aube après la nuit.   *Ch.*

4 Jouet de l'onde agitée,
  Cet abri, l'as-tu trouvé?
Viens, pauvre âme tourmentée,
Au rocher qui m'a sauvé!   *Ch.*
                          R. S.

121   (*Psaume 138*)

1 Il faut, grand Dieu, que de mon cœur
    La sainte ardeur
    Te glorifie;
  Qu'à toi, des mains et de la voix
    Devant les rois,
    Je psalmodie.
  J'irai t'adorer, ô mon Dieu,
    Dans ton saint lieu
    D'un nouveau zèle;
  Je chanterai ta vérité
    Et ta bonté
    Toujours fidèle.

2 Ton nom est célèbre à jamais
    Par les effets
    De tes paroles.
  Quand je t'invoque, tu m'entends;
    Quand il est temps,
    Tu me consoles.
  Tous les rois viendront à tes pieds,
    Humiliés,
    Prier sans cesse,
  Sitôt qu'ils auront une fois
    Ouï la voix
    De ta promesse.

3 Ils rempliront, par leurs concerts,
    Tout l'univers
    De tes louanges;
  Les peuples qui les entendront
    Admireront
    Tes faits étranges.
  O grand Dieu qui, de tes hauts cieux,
    En ces bas lieux
    Vois toute chose,
  Quoique tu sembles être loin,
    C'est sur ton soin
    Que tout repose.

4 Si mon cœur, dans l'adversité,
    Est agité,
    Ta main m'appuie.
  C'est ton bras qui sauve des mains
    Des inhumains
    Ma triste vie.
  Quand je suis le plus abattu,
    C'est ta vertu
    Qui me relève;
  Ce qu'il t'a plu de commencer,
    Sans se lasser
    Ta main l'achève!
                    C. MAROT.

122

  1 Il m'a sauvé
Et dans son sang il m'a lavé!
Le Fils de Dieu vit ma misère,
Il quitta, pour me secourir,
Son trône au ciel, et vint mourir
    Sur la croix du Calvaire!

  2 Il m'a sauvé
Et dans son sang il m'a lavé!
Jésus, le bien-aimé du Père,
Pour moi, le pécheur révolté,
S'immole, ô divine bonté,
    Sur la croix du Calvaire!

  3 Il m'a sauvé
Et dans son sang il m'a lavé!
Oui, le monde a vu ce mystère :
Le Juste par Dieu condamné
Et le coupable pardonné
    Sur la croix du Calvaire!

  4 Il m'a sauvé
Et dans son sang il m'a lavé!
A toi, Jésus, ma vie entière,
A toi tout l'amour de mon cœur!
En mourant tu fus mon vainqueur
    Sur la croix du Calvaire!
                      R. S.

123

1 Il me conduit, douce pensée!
Repos pour mon âme lassée!
En tous lieux son regard me suit,
Et par la main il me conduit.

Ch. : Il me conduit, il me conduit!
    Désormais pour lui je veux vivre;
    Brebis fidèle, je veux suivre
    Le bon Berger qui me conduit.

2 Jésus sur moi veille sans cesse :
Dans la joie et dans la tristesse,
Dans le jour comme dans la nuit,
Pas à pas sa main me conduit.   *Ch.*

3 Comme un rempart il me protège,
Il me préserve de tout piège;
Loin de moi l'ennemi s'enfuit,
Quand par la main Christ me con-
                    [duit.   *Ch.*

4 Quand mon heure sera sonnée,
Mon œuvre ici-bas terminée,
Je dirai, dans la sombre nuit :
Je ne crains point, il me conduit!   *Ch.*
                      R. S.

124

1 Ils ne sont plus, ô Dieu, ces sombres
[jours d'orage,
Où, portant ses soupirs de rivage en ri-
[vage,
Ta plaintive Sion t'invoquait au désert;
N'ayant pour pavillon que la voûte azu-
[rée,
Pour musique sacrée
Que le bruit des torrents et le souffle des
[airs! (*ter*)

2 La voix de la prière et le chant des can-
[tiques
Font retentir enfin de paisibles porti-
[ques :
Gloire soit à jamais à notre Rédempteur!
Dans sa miséricorde il a séché nos lar-
[mes;
A de longues alarmes,
Il a fait succéder le calme et le bonheur!
(*ter*)

3 Bénis, ô notre Dieu, ce nouveau sanc-
[tuaire
Qui désormais nous offre un abri tuté-
[laire!
Que notre culte y soit esprit et vérité,
Et que nous y trouvions la source dési-
[rée
Où notre âme altérée
Viendra puiser la vie et l'immortalité!
(*ter*)

4 Fais-toi connaître à nous dans cette
[maison sainte;
Que nos enfants, Seigneur, élevés dans
[ta crainte,
Te servent avec nous, peuple libre et
[joyeux!
Pour célébrer ton nom, rallume dans no-
[tre âme
Cette foi, cette flamme,
Qui, dans les jours d'épreuve animait
nos aïeux! (*ter*)

Ed. Monod.

125

1 Il vient, il vient! c'est notre Rédemp-
[teur :
Hausse la voix pour chanter ton Sau-
[veur!
Jérusalem, ville de l'alliance,
Dis à Juda quelle est ton espérance,
Alléluia, dans le saint lieu! (*bis*)
Car voici Jésus, [notre Dieu! (*ter*)

2 Devant Jésus, tout coteau croulera;
Sur les puissants, son bras dominera.
Tremblez, pécheurs, redoutez sa colère;
Il a pour vous un terrible salaire.
Tremblez, tremblez! malheur, malheur!
(*bis*)
Car voici le Fort, [le Vengeur. (*ter*).

3 Comme un berger, il paîtra son trou-
[peau;
Pour la brebis et pour le faible agneau,
Il est toujours dans ses bras un asile,
C'est aux chétifs qu'il offre l'Evangile!
Chante, Sion, dis désormais, (*bis*)
« Jésus est prince de la paix. » (*ter*)

Ch. Lutteroth.

126

(*Voir le n° 107*)

127

1 J'aime du soir les pures harmonies
Et les parfums qui montent vers le ciel,
J'unis ma voix à ces voix réunies
Pour célébrer le Seigneur éternel,
Avec un doux sourire
Le ciel semble nous dire
Dans les rayons du jour qui fuit :
Pense à Dieu, crois en Lui!

2 La fleur alors se penche sur sa tige
Pour exhaler ses suaves senteurs,
Et moi je sens que cette heure m'oblige
A bénir Dieu pour ses tendres faveurs.
A l'âme recueillie
Répond sa voix amie,
Disant avec le jour qui fuit :
Pense à Dieu, crois en Lui!

3 Quand du couchant l'éclat pourpré s'al-
[lume,
Les monts lointains se dressent en autel,
Et des vallons effacés dans la brume
Monte un soupir au Seigneur éternel,
Dieu, de sa voix propice,
Répond au sacrifice
Dans les rayons du jour qui fuit;
Pense à Dieu, crois en Lui!

L. Durand.

128 (*Psaume 116*)

1 J'aime mon Dieu, car son puissant se-
[cours
Montre qu'il a ma clameur entendue :
A mes soupirs son oreille est tendue;
Je veux aussi l'invoquer tous les jours.

2 Je n'avais plus ni trêve ni repos ;
 Déjà la mort me tenait dans ses chaînes,
 Mon cœur souffrait les plus cruelles pei-
[nes,
 Quand je lui fis ma prière en ces mots :

3 « Ah ! sauve-moi du péril où je suis ! »
 Et dès lors même il me fut favorable.
 Il est toujours et juste et secourable,
 Et toujours prompt à calmer nos ennuis.

4 Quand j'étais prêt à périr de langueur,
 Il me sauva, ce Dieu que je réclame !
 Retourne donc en ton repos, mon âme,
 Puisqu'il te fait éprouver sa faveur !

5 Ta main puissante a détourné ma mort,
 Séché mes pleurs, soutenu ma faiblesse ;
 Sous tes yeux donc je veux marcher sans
[cesse,
 Toute ma vie, ô mon Dieu, mon support.

6 Je veux toujours obéir à tes lois,
 Chanter ta gloire, invoquer ta puissance,
 Et devant tous, plein de reconnaissance,
 En hymnes saints faire éclater ma voix.

Th. DE BÈZE.

129

1 J'ai soif de ta présence,
  Divin chef de ma foi ;
  Dans ma faiblesse immense
  Que ferais-je sans toi ?

Chœur : Chaque jour, à chaque heure,
  Oh ! j'ai besoin de toi,
  Viens, Jésus, et demeure
  Auprès de moi.

2 Des ennemis dans l'ombre,
  Rôdent autour de moi ;
  Accablé par le nombre,
  Que ferais-je sans toi ?   *Ch.*

3 Pendant les jours d'orage,
  D'obscurité, d'effroi,
  Quand faiblit mon courage,
  Que ferais-je sans toi ?   *Ch.*

4 O Jésus, ta présence
  C'est la vie et la paix,
  La paix dans la souffrance,
  Et ta vie à jamais.   *Ch.*

A. GLARDON.

130

1 J'ai trouvé, j'ai trouvé la voie
 Qui conduit au repos du cœur ;
 J'ai trouvé la paix et la joie
 En Jésus, le libérateur !
 O mes compagnons de misère,
 Ensemble invoquons son secours ;
 Il n'attend que notre prière, | (bis)
 Le Sauveur qui sauve toujours. |

2 Par son sang, sa miséricorde
 Efface nos iniquités ;
 Par son Esprit, qu'il nous accorde,
 Il guérit nos infirmités ;
 Et plus le mal est incurable,
 Et plus les fardeaux semblent lourds,
 Plus il se montre secourable, | (bis
 Le Sauveur qui sauve toujours. |

3 Hélas ! ma trop longue ignorance
 Ne connaissait auparavant,
 Dans la lutte ou dans la souffrance,
 Qu'un Sauveur qui sauve souvent ;
 Mais de ma pauvre et triste vie
 J'ai vu se transformer le cours,
 Depuis que mon cœur se confie | (bis)
 Au Sauveur qui sauve toujours. |

4 Il est ma force et ma victoire,
 L'Ami qui me guide en tout lieu ;
 Il est ma lumière et ma gloire ;
 Il est mon frère, il est mon Dieu.
 Soit que je vive ou que je meure,
 Il est mon unique recours...
 Tu me sauveras d'heure en heure, | (bis)
 O Sauveur qui sauves toujours ! |

Th. MONOD.

131

1 Jamais Dieu ne délaisse
 Qui se confie en Lui.
 Si le monde m'oppresse,
 Jésus est mon appui.
 Ce Dieu bon et fidèle
 Garde en sa paix les siens
 Pour la vie éternelle,
 Et les comble de biens.

2 Je veux, sachant qu'il m'aime,
 Me remettre à ses soins :
 Beaucoup mieux que moi-même
 Il connaît mes besoins.
 Ce Dieu plein de tendresse
 Confondrait-il ma foi ?
 Non, plus le mal me presse,
 Plus il est près de moi.

3 Seigneur! par l'efficace
  Du sang versé pour moi,
  Accorde-moi la grâce
  De vivre tout pour toi.
  C'est la vie éternelle
  Déjà dès ici-bas,
  Jusqu'au jour qui m'appelle
  A passer dans tes bras.

Chants chrétiens.

132

1 J'apportai ma détresse
    A Jésus;
  Mon péché, ma tristesse
    Ne sont plus.
  Combien douce à mon âme
    Fut sa voix,
  Quand sur le bois infâme
    De la croix,
  Il murmura : « Je t'aime,
  Et j'expire pour toi;
  Pécheur, aujourd'hui même,
  Tu vivras avec moi! »

2 Quand mon âme est lassée,
    Au Sauveur
  J'élève ma pensée
    Et mon cœur.
  Je le vois : plus de larmes
    Dans mes yeux!
  Je suis libre d'alarmes
    Et joyeux.
  Sa force en ma faiblesse
  S'accomplit tous les jours;
  Nul fardeau ne m'oppresse
  Car il est mon recours.

3 Viens à Jésus, mon frère,
    Aujourd'hui!
  Avec ta peine amère
    Viens à lui.
  Le Fils de Dieu t'appelle!
    Viens et crois.
  Pourquoi rester rebelle
    A sa voix?
  La voix qui fit le monde
  Te supplie, ô pécheur.
  Que ton âme réponde
  Et trouve le bonheur!

R. S.

133

1 Je cherchais, à travers mes larmes,
  Le sentier qui conduit aux cieux,
  Combattant par mes propres armes
  Le mal toujours victorieux.

Combien fut longue et douloureuse
La lutte entreprise sans toi!...
Maintenant, ma vie est heureuse
Par la victoire de la foi.

2 Nautonnier battu par l'orage,
  J'ouvrais ma voile à tous les vents,
  Mais nul ne poussait au rivage;
  J'errais sur les flots décevants,
  Lorsque apparut, marchant sur l'onde,
  Jésus qui murmurait : C'est moi...
  Et je vais sur la mer profonde
  Sans crainte, ô Sauveur, avec toi.

3 Dans un sacrifice illusoire,
  Donnant et reprenant toujours,
  Cherchant la paix sans la victoire,
  Ainsi coulaient mes tristes jours.
  O Dieu, la paix naît de la grâce,
  Et cette grâce vient de toi...
  Maintenant, en elle je place
  Tout mon espoir, toute ma foi.

4 Ah! pourquoi lutter sans relâche
  Et seul te fatiguer en vain?
  Pourquoi, seul, affronter la tâche,
  Et marcher seul dans le chemin,
  Quand du ciel un Ami suprême,
  O cœur lassé, s'adresse à toi,
  Et, pour te secourir lui-même,
  Ne te demande que la foi?

R. S.

134

1 Je chanterai, Seigneur, tes œuvres ma-
    [gnifiques,
  Ton auguste pouvoir, ta suprême gran-
    [deur;
  Aux concerts de tes saints, j'unirai les
    [cantiques
  Que pour toi me dicte mon cœur. (*bis*)

2 Oh! que de l'Eternel la parole est fé-
    [conde!
  Il dit, et le néant tressaillant à sa voix,
  L'univers tout entier, le ciel, la terre et
    [l'onde
  Sortent de l'abîme à la fois. (*bis*)

3 Le monde passera : ce superbe édifice
  Un jour s'ébranlera jusqu'en ses fonde-
    [ments.
  Ta sagesse, ô grand Dieu, ta bonté, ta
    [justice
  Subsisteront dans tous les temps. (*bis*)

L. RACINE.

135

1 Je dois voyager au monde
  Comme un esquif sur les eaux,
  Et la tempête qui gronde
  Déjà fait mugir les flots.

Chœur : Christ est ma vie,
    Il est mon Roi!
    Toujours il prie
    Notre Père pour moi.

2 Il m'a donné la boussole
  Qui, sans erreur, pointe au port :
  C'est sa vivante Parole,
  Avec elle, point de mort! *Ch.*

3 Si le vent m'est favorable
  Si mon ciel est clair et pur,
  Ce pilote charitable
  Me dit : « Veille! rien n'est sûr! » *Ch.*

4 Et si vient le sombre orage,
  Si tout semble menaçant,
  Mon Pilote m'encourage
  De son regard tout puissant. *Ch.*

5 Je ne crains donc ni naufrage,
  Ni pirate, ni récif;
  J'ai déjà reçu le gage
  Du salut de mon esquif. *Ch.*
      C. MALAN.

136

1 Jéhova, vers toi je crie,
  Dans ce désert, guide-moi!
  Toute ma force est tarie,
  Tout mon espoir est en toi.
    Pain de vie, (*ter*)
  Viens du ciel nourrir ma foi. (*bis*)

2 Jaillis, onde qui fais vivre!
  Colonne d'ombre et de feu,
  Nuit et jour je veux te suivre.
  Que ta présence, ô grand Dieu!
    Me délivre (*ter*)
  Et m'environne en tout lieu! (*bis*)

3 Lorsque la Mort, fleuve étrange,
  Sous ses flots m'engloutira,
  Sur l'autre rive, ton ange,
  Eternel, me portera.
  Ma louange (*ter*)
  Vers toi toujours montera. (*bis*).
      R. S.

137

1 Je la connais, cette joie excellente,
  Que ton Esprit, Jésus, met dans un cœur.
  Je suis heureux, oui, mon âme est con-
              [tente,
  Puisque je sais qu'en toi j'ai mon Sau-
              [veur.

2 Tu m'as aimé, moi, vile créature,
  Jusqu'à t'offrir en victime pour moi;
  Ton propre sang a lavé ma souillure
  Et, par ta mort, je suis vivant pour toi.

3 Que puis-je donc désirer sur la terre,
  Puisque je suis l'objet de ton amour,
  Puisque la grâce, ô Sauveur débonnaire,
  Dès le matin me prévient chaque jour?

4 Ah! que mon âme, en parcourant sa
              [voie,
  S'égaie, ô Dieu, dans ta communion!
  Oui, que mon cœur, plein de force en ta
              [joie
  De ton Esprit garde en paix l'onction.
      C. MALAN.

138

1 Je l'ai trouvé, je l'ai trouvé,
    Le bonheur ineffable!
  Je suis sauvé, je suis sauvé,
    O joie inexprimable!
  Tous mes péchés sont effacés :
    Le sang de Christ me lave :
  Les jours des larmes sont passés :
    Je ne suis plus esclave!

2 Oh! quel bonheur! oh! quel bonheur,
    D'avoir Jésus pour Maître!
  O mon Sauveur, mon seul Sauveur,
    A toi seul je veux être!
  Tu vins briser, puissant vainqueur,
    Du mal la tyrannie,
  Affranchissant mon pauvre cœur
    Et me donnant la vie.

3 Dans ton amour tu m'as cherché,
    Errant bien loin du Père :
  Tu m'as sauvé de mon péché,
    Tu fis de moi ton frère;
  Et maintenant, et pour jamais,
    Sous ton joug je me plie.
  Je ne puis vivre désormais,
    Jésus, que de ta vie!

4 Ah! laissez-moi chanter mon Roi;
  'Oui, qu'à genoux, je chante!
Jésus n'est-il pas tout pour moi?
  Gloire à sa croix sanglante!
Sans se lasser, jour après jour,
  Il m'aime, il m'aime encore...
Comment répondre à tant d'amour?
  Je crois, j'aime et j'adore!

Ch. ROCHEDIEU.

139 (*Psaume 121*)

1 Je lève les yeux vers les monts que j'ai-
[me;
D'où peut me venir ici le secours?
Le secours me vient de l'Eternel même,
Du Dieu qui créa les nuits et les jours.

2 Pourra-t-il souffrir que ton pied chan-
[celle?
Ton gardien peut-il sommeiller jamais?
Non, il ne dort pas, le gardien fidèle,
Celui qui maintient Israël en paix.

3 Pour toi l'Eternel est une retraite;
Il te sert à droite et d'ombre et d'appui;
Le soleil ne peut frapper sur ta tête,
Ni la lune à l'heure où le jour a lui.

4 Il te gardera de tout mal possible;
Il garde ton âme, il garde tes jours;
Il te gardera! rentre ou sors paisible!
L'Eternel sur toi veillera toujours.

Aug. DECOPPET.

140

1 Je m'approche de toi, (*bis*)
  Source de vie, (*bis*)
Mon Sauveur, bénis-moi!

2 Fais silence en mon cœur (*bis*)
  Viens et me parles, (*bis*)
O mon divin Sauveur!

3 Rends-moi conforme à Toi, (*bis*)
  Divin Modèle, (*bis*)
Mets ton image en moi!

4 Rends-moi bouillant, Seigneur, (*bis*)
  Pour ton service, (*bis*)
Que je parte en vainqueur!

5 Et quand tu reviendras, (*bis*)
  Dans tes milices, (*bis*)
Tu me retrouveras!

A. PÉLAZ.

141

1 Je ne sais pas le jour où je verrai mon
[Roi
'Mais je sais qu'Il me veut dans sa sain-
[te demeure
La lumière vaincra les ombres à cett
[heure
Ce sera la gloire pour moi...

Ch. : Ce sera la gloire pour moi (*bis*)
    La lumière vaincra les ombres à
[cette heure
    Ce sera la gloire pour moi.

2 Je ne sais quels seront les chants des
[bienheureux
Les accents, les accords des hymnes
[angéliques
Mais je sais que, joignant ma voix aux
[saints cantiques
Bientôt, j'adorerai comme eux...

Ch. : Bientôt, j'adorerai comme eux (*bis*)
    Mais je sais que joignant ma voix
[aux saints cantiques
    Bientôt, j'adorerai comme eux.

3 Je ne sais quel sera le palais éternel,
Mais je sais que mon âme y sera recon-
[nue
Un regard de Jésus sera ma bienvenue
Pour moi, pour moi s'ouvre le ciel...

Ch. : Pour moi, pour moi s'ouvre le
[ciel (*bis*)
    Un regard de Jésus sera ma bienve-
[nue
    Pour moi, pour moi s'ouvre le ciel.

BOUTELLEAU.

142

1 Je ne sais pourquoi, dans sa grâce,
  Jésus m'a tant aimé;
Pourquoi, par son sang, il efface
  Ma dette, mon péché.

Ch. : Mais je sais qu'en lui j'ai la vie,
    Il m'a sauvé dans son amour;
    Et gardé par sa main meurtrie,
    J'attends l'heure de son retour.

2 Je ne sais comment la lumière
  Eclaire tout mon cœur,
Comment je compris ma misère
  Et reçus mon Sauveur! Ch

3 Je ne sais quelle est la mesure
   De joie et de douleur
   Que pour moi faible créature,
   Réserve mon Sauveur.   Ch.

4 Je ne sais quand de la victoire
   L'heure enfin sonnera,
   Quand l'Agneau, l'Epoux, dans sa gloire
   Avec lui me prendra.   Ch.

                    G. GUILLOD.

143

1 Je sais bien qui nous aima tant
   Que de mourir à notre place;
   Qui veut que le cœur repentant
   Par sa mort puisse trouver grâce :
   C'est Jésus, le Libérateur,
          C'est le Sauveur! (bis)

2 Il était servi dans le ciel
   Par les anges, comme le Père;
   Mais, dans son amour éternel,
   Il voulut vivre sur la terre,
   Et devenir pour le pécheur
          Parfait Sauveur! (bis)

3 Il devint homme, et par sa mort
   Opéra le salut du monde.
   Sa croix a changé notre sort;
   En lui, pour tous, la grâce abonde; .
   Il est devenu du pécheur
          Le seul Sauveur. (bis)

144

1 Je suis à toi, gloire à ton nom suprême!
   O mon Sauveur je fléchis sous ta loi!
   Je suis à toi, je t'adore, je t'aime;
   Je suis à toi, je suis à toi!

2 J'errais perdu dans les sentiers du doute,
   Le vide au cœur et la mort devant moi,
   Lorsque tu vins resplendir sur ma route;
   Je suis à toi, je suis à toi!

3 Jadis j'étais sous l'empire du monde,
   Mais aujourd'hui Jésus-Christ est mon
                              [Roi,
   Ton joug est doux et ta paix est profon-
                              [de;
   Je suis à toi, je suis à toi!

4 Les bras ouverts, les yeux pleins de ten-
                              [dresse,
   Ce bon Sauveur m'accueille et me reçoit.
   Auprès de lui j'accours et je m'empresse;
   Je suis à toi, je suis à toi!

5 En te trouvant j'ai trouvé toute chose,
   Et ce bonheur m'est venu par la foi.
   C'est sur ton sein qu'en paix je me re-
   Je suis à toi, je suis à toi!   [pose;

6 Nul ne saurait m'effacer de ton livre;
   Nul ne saurait me soustraire à ta loi.
   C'est ton regard qui fait mourir et vivre;
   Je suis à toi, je suis à toi!

7 Sur cette terre où tu veux que j'habite,
   O mon Sauveur, mon Dieu, je suis à toi!
   Et dans le ciel où ta grâce m'invite,
   Encore à toi, toujours à toi!

                    SCHERER.

145

1 Je suis scellé pour la gloire,
   J'avance vers mon pays;
   Ecoutez tous mon histoire
   Et l'amour de Jésus-Christ :

Chœur : Jésus, mon Ami suprême,
        Sur moi veille, il l'a promis;
        J'aime Jésus, Jésus m'aime
        Comme un berger sa brebis.

2 J'étais mort dans ma misère,
   Sans Dieu, sans espoir, sans foi;
   Un jour j'appris, ô mystère,
   Que Jésus est mort pour moi.   Ch.

3 Son amour que rien n'arrête,
   Brisa mon cœur endurci;
   Maintenant mon cœur souhaite
   D'en guider d'autres vers lui.   Ch.

4 J'ai passé par mainte épreuve
   Depuis que je suis à lui,
   Mais en tout j'ai vu la preuve
   De son amour infini.   Ch.

5 Maintenant, Sauveur fidèle,
   Remplis-moi de ton amour;
   Qu'animé d'un nouveau zèle
   Je te suive chaque jour.   Ch.
                    Imité.

146

1 Jésus, Ami de mon âme,
   Sauve-moi des grandes eaux!
   C'est toi seul que je réclame,
   En toi j'ai le vrai repos.

Chœur : Ta puissance est efficace,
        Ton amour est infini;
        En toi seul j'ai toute grâce,
        Tu seras mon ferme appui.

2 Ton nom seul est saint et juste,
Je ne suis qu'iniquité,
En toi, Rédempteur auguste,
Tout est grâce et sainteté.   *Ch.*

3 Garde, ô Jésus, ma nacelle,
Viens la guider vers le port;
Puis, dans ton amour fidèle,
Reçois mon âme à la mort!   *Ch.*

LEGROS.

147

1 Jésus, à toi j'appartiens pour jamais;
Viens en mon âme habiter désormais;
Divine parole,
Brise toute idole!

Ch. : Par ton Saint-Esprit, rends-moi *pur*
[*comme toi* (*ter*)
Par ton Saint-Esprit rends-moi pur
[comme toi.

2 Jésus, du ciel où ton trône est assis,
Montre la route à mes pas indécis.
Je te sacrifie
Mon cœur et ma vie.   *Ch.*

3 Tu veux, Seigneur, un cœur sanctifié :
Donne-le moi, divin Crucifié!
Seigneur, quand serai-je
Plus blanc que la neige?   *Ch.*

148

1 Jésus aujourd'hui m'appelle,
J'entends sa voix dans mon cœur,
Oh! rends-toi donc, cœur rebelle,
Ouvre la porte au Sauveur!

2 Seigneur, je te l'abandonne,
Ce cœur indigne de toi.
Viens y régner! Que personne
Ne le soustraie à ta loi!

3 De moi librement dispose,
De ma santé, de mes biens;
A tes pieds je les dépose,
O Maître à qui j'appartiens!

4 De ma vie, heure par heure,
Que ta main règle le cours!
Car désormais je demeure
A tes ordres pour toujours.

A. GLARDON.

149

1 Jésus, au nom saint et doux,
Qui voulus porter pour nous
Le poids du divin courroux,
Nos âmes t'implorent.

2 Par ta divine bonté,
Par ta sainte humilité,
Par ta tendre charité,
Nos âmes t'implorent.

3 Par le jour où tu fléchis
Sous l'opprobre et le mépris,
Par la mort que tu souffris,
Nos âmes t'implorent.

4 Par l'heure où Gethsémané
T'a vu gémir, prosterné,
Et des tiens abandonné,
Nos âmes t'implorent.

5 Par la coupe de douleur
Que tu bus pour nous, Seigneur,
Par ta sanglante sueur,
Nos âmes t'implorent.

6 Par ton corps qui fut percé
Et sur la croix exposé,
Par ton sang pour nous versé,
Nos âmes t'implorent.

7 Par l'amour qui fit de toi
Notre Maître et notre Roi,
En nous rangeant sous ta loi,
Nos âmes t'implorent.   *Amen.*

E. BERSIER.

150

1 Jésus-Christ est ma sagesse;
Il éclaire mon chemin,
Et je marche, en ma faiblesse,
Conduit par sa sûre main.
Il éclaire mon chemin, (*bis*)
Et je marche, en ma faiblesse,
Conduit par Sa sûre main.

2 Jésus-Christ est ma justice;
Son sang a coulé pour moi;
Je trouve en son sacrifice
Paix et pardon par la foi.
Son sang a coulé pour moi; (*bis*)
Je trouve en son sacrifice
Paix et pardon par la foi.

3 Jésus-Christ me sanctifie;
  Au divin cep attaché,
  Je reçois de lui la vie
  Qui m'affranchit du péché.
  A toi, Jésus, attaché, (*bis*)
  Je reçois de toi la vie
  Qui m'affranchit du péché.

4 Jésus en payant ma dette,
  A grand prix m'a racheté,
  Près de lui ma place est prête
  Au ciel pour l'éternité.
  Jésus tu m'as racheté, (*bis*)
  Et déjà ma place est prête
  Au ciel pour l'éternité.

E. BUDRY.

151

1 Jésus, du fardeau de la loi
  Par toi mon âme est libérée;
  Pour toujours elle est délivrée
  De ce qui causait son effroi.

Chœur : Libre en regardant au Calvaire,
  Libre par ta mort salutaire,
  Libre car j'entendis ta voix,
  Libre par le sang de ta croix!

2 O bonheur! il est éternel
  Le salut que Jésus me donne!
  Et son amour qui me pardonne
  M'ouvrira la porte du ciel!   *Ch.*

3 Dieu m'aime, je suis son enfant;
  En sa fidélité j'espère;
  Dans tous les combats de la terre
  Il veut me rendre triomphant.   *Ch.*

E. SAGNOL.

152

1 Jésus est au milieu de nous,
  Son regard s'abaisse sur nous,
  Sa douce voix, l'entendez-vous?
      Je veux vous bénir tous! (*bis*)

2 Jésus est au milieu de nous,
  Son regard s'abaisse sur nous,
  Sa douce voix, l'entendez-vous?
      Je veux vous sauver tous! (*bis*)

3 Jésus est au milieu de nous,
  Son regard s'abaisse sur nous,
  Sa douce voix, l'entendez-vous?
      Oh! je vous aime tous! (*bis*)

Mlle PÉLAZ.

153

1 Jésus est notre ami suprême :
      Oh! quel amour!
  Mieux qu'un tendre frère il nous aime;
      Oh! quel amour!
  Ici parents, amis, tout passe;
  Le bonheur paraît et s'efface;
  Son cœur seul jamais ne se lasse...
      Oh! quel amour!

2 Il est notre vie éternelle;
      Oh! quel amour!
  Célébrons son œuvre immortelle;
      Oh! quel amour!
  Par son sang notre âme est lavée;
  Au désert il l'avait trouvée :
  Dans son bercail il l'a sauvée;
      Oh! quel amour!

3 Seigneur Jésus! fais-nous comprendre
      Tout ton amour!
  Dans nos cœurs, oh! daigne répandre
      Tout ton amour!
  Que cet amour soit notre vie!
  Qu'à jamais notre âme ravie
  Savoure une joie infinie
      En ton amour!

Mlle DE CHARRIÈRE.

154

1 Jésus, Fils unique du Père
  Que ton nom saint et glorieux
  A tous les enfants de lumière
  Est chaque jour plus précieux!

Ch. : Emmanuel! dans ton Eglise
  La gloire à toujours t'appartient;
  A ton Esprit ton Epouse est soumise
  Et ton amour la garde et la soutient.

2 A toi, Seigneur, nul n'est semblable,
  Car toi seul es la Vérité ;
  Et chez toi seul tout est aimable,
  Tout est grandeur, force et beauté. *Ch.*

3 En toi réside la puissance;
  Ton trône est ferme et souverain.
  Tout doit te rendre obéissance;
  Tout jugement est dans ta main.   *Ch.*

4 Devant toi, les saints et les anges
  Célèbrent ton règne éternel;
  Et le récit de tes louanges
  Remplit les demeures du ciel.   *Ch.*

5 Oh! que mon cœur plein d'allégresse
Sous ton regard vive pour toi!
Qu'en ta paix il t'offre sans cesse
Le saint hommage de sa foi!   *Ch.*

C. MALAN.

155

(Voir le n° 409)

156

1 Jésus, mis à mort pour moi,
Je cherche un refuge en toi,
Que ton sang, que l'onde pure
Découlant de ta blessure,
Otant mon iniquité,
Me rendent la liberté!

2 Tous les travaux de mes mains
Pour te plaire seraient vains.
Lors même qu'en ma détresse
Mes pleurs couleraient sans cesse,
Ils ne sauraient me laver;
Toi seul peux et veux sauver!

3 Seigneur, je n'apporte rien;
Ta croix seule est mon soutien.
Je viens à toi, sans ressource;
Souillé, je viens à la source
Où les péchés sont lavés
Et les pécheurs sont sauvés!

4 Qu'en toi je vive ici-bas,
Que je meure entre tes bras!
Et que, vers ton ciel splendide
Prenant mon essor rapide,
Jésus, mis à mort pour moi,
Je trouve un refuge en toi!

R. S.

157

1 Jésus, ô nom qui surpasse
Tout nom qu'on puisse exalter,
Que jamais je ne me lasse,
Nom béni, de te chanter!
Seule clarté qui rayonne
Sur les gloires du saint lieu,
Seul nom dont l'écho résonne
Dans le cœur même de Dieu!

2 Jésus, c'est l'Amour suprême
De son trône descendu,
Qui ceint de son diadème
Le front de l'homme perdu.

C'est le roi qui s'humilie
Pour vaincre le révolté,
C'est la divine folie,
Dans la divine bonté!

3 Qui pleura sur ceux qui pleurent?
C'est Lui, l'homme méprisé!
Qui mourut pour ceux qui meurent?
C'est Lui, l'homme au cœur brisé!
De son sang et de ses larmes
Il arrosa son chemin,
Et c'est par ces seules armes
Qu'il sauva le genre humain!

4 Jésus par qui Dieu pardonne,
Roi d'épines couronné,
Que le monde t'abandonne,
A toi mon cœur s'est donné!
Ta mort est ma délivrance,
Je suis heureux sous ta loi;
O Jésus, mon espérance,
Quel autre aurais-je que toi?

5 Oh! penche-toi sur ma couche
Lorsque je devrai mourir,
Et, ton doux nom sur la bouche,
Je verrai le ciel s'ouvrir...
Mais le ciel que je réclame,
C'est ton regard, c'est ta voix,
Qui s'abaissent sur mon âme,
Assise aux pieds de ta croix!

6 Attire, ô Sauveur, attire
Sur ton sein et dans tes bras
Le cœur qui tremble et soupire
Parce qu'il ne te voit pas.
Mon frère, il t'appelle, écoute!
Il t'appelle, ne crains plus;
Suis ses pas, et sur la route
Chante ce beau nom : Jésus!

R. S.

158

1 Jésus, par ton sang précieux,
Enlève mon iniquité,
Regarde-moi du haut des cieux,
Dis-moi que tu m'as pardonné...
J'ai longtemps erré, cœur rebelle,
Mais j'entends ta voix qui m'appelle,
Au pied de ta croix, maintenant,
Tout confus, brisé, je me rends.

Chœur : Blanc, plus blanc que neige, *(bis)*
Lavé dans le sang de l'Agneau,
Je serai plus blanc que la neige.

2 Oh! le fardeau de mon péché,
Dieu très saint, est trop grand pour moi,
Je veux en être délivré,
A cette heure, oh! révèle-toi.
Jésus, viens, sois ma délivrance,
Seul tu peux calmer ma souffrance!
Au pied de ta *croix*, maintenant,
Tout confus, brisé, je me rends.   *Ch.*

3 Oh! *Jésus, ton sang précieux*
A lavé mon iniquité;
Oui, tu m'as répondu des cieux.
Ton *amour m'a tout pardonné.*
Je te contemple et je puis croire
Qu'en toi j'ai complète victoire...
Au pied de ta *croix maintenant,*
Je me relève triomphant!

Ch. : Blanc, plus blanc que neige, (*bis*)
Mon cœur est plus blanc que la neige.
Lavé dans le sang de l'Agneau,

A. Humbert.

159

1 Jésus sort de la tombe,
Il vit, il est vainqueur!
Déjà la mort succombe
Devant le Rédempteur.
Chrétiens, chantons sa gloire,
Célébrons sa grandeur :
Où donc est ta victoire,
Sépulcre destructeur?

2 Pourrais-je craindre encore
Le sommeil du tombeau?
Le trépas est l'aurore
D'un jour pur et nouveau,
En Jésus j'ai le gage
De ma félicité,
Et j'aurai pour partage
Son immortalité.

3 Que la ferme espérance
D'un éternel bonheur
Apaise ma souffrance
Et console mon cœur!
Que dans ma dernière heure
Jésus soit mon appui!
Qu'en son amour je meure
Pour régner avec lui!

Recueil Vaud, Neuchâtel, Genève.

160

1 Jésus, ta sainte présence
Est la source du bonheur.
Dans la joie et la souffrance
Elle est le repos du cœur.

Chœur : Fais briller sur moi ta face,
O Jésus, Agneau de Dieu!
A tes pieds, c'est là ma place,
Près de toi mon ciel est bleu.

2 Sur celui qui te contemple
Descend un rayon divin,
Tu fais de son cœur ton temple,
Ton doigt pointe son chemin.   *Ch.*

3 Ah! que mon âme ravie
Te rencontre, ô mon Sauveur!
Car ton regard c'est la vie,
C'est la richesse du cœur!   *Ch.*

4 Il faut aussi ta présence
Pour ton service, ô Jésus!
Car elle est une puissance
Pour relever les perdus!   *Ch.*

5 Quand dans l'étendue immense,
O Jésus, tu paraîtras,
C'est encor par ta présence
Que tu nous attireras!   *Ch.*

A. Pélaz.

161

1 Jésus t'appelle, oh! viens et vois
Ton Sauveur cloué sur la croix;
Pour toi le Souverain des cieux
Vint verser son sang précieux :

Chœur : Jésus sauve, Jésus sauve
Jésus sauve aujourd'hui
Tous ceux qui viennent
Tous ceux qui viennent
Tous ceux qui viennent à Lui   *(bis)*

2 Jésus t'appelle : oh! cette voix,
N'a-t-elle aucun charme pour toi?
Ne veux-tu donc pas revenir
A celui qui veut te bénir?   *Ch.*

3 Jésus t'appelle, Il te connaît;
Tu fus rebelle, Il le savait;
Il veut purifier ton cœur
Et te donner le vrai bonheur.   *Ch.*

4 Jésus t'appelle, oh! réponds-lui;
Que ton cœur s'ouvre à ton Ami;
Pour te sauver, Il vint mourir,
Il veut t'aimer et te bénir.   *Ch.*

F. Valès.

162

1 Je veux t'aimer, toi mon Dieu, toi mon
Mon Rédempteur, mon Roi!   [Père,
Je veux t'aimer, car la vie est amère,
Pour ton enfant sans toi. (*bis*)

2 Je veux t'aimer, ô Dieu plein de ten-
　　Qui m'aimas le premier!　　　　[dresse
　Je veux t'aimer, soutien de ma faiblesse,
　　Mon fort, mon bouclier. (*bis*)

3 Je veux t'aimer, source de toute grâce,
　　Auteur de mon salut!
　Je veux t'aimer, tourne vers moi ta face,
　　Conduis-moi vers le but. (*bis*)

4 Je veux t'aimer, refuge de mon âme!
　　Pendant les jours mauvais.
　Je veux t'aimer, c'est toi que je réclame
　　Source de toute paix. (*bis*)

　　　　　　　Mme LUTTEROTH.

163

　　1 Je vis d'espérance,
　　　D'amour et de foi,
　　　Et mon cœur s'élance
　　　Vers toi, divin Roi.
　　　Grande est ma faiblesse
　　　Mon indignité;
　　　Mais dans ta tendresse,
　　　Tu m'as racheté.

Chœur : Oui mon cœur chante
　　　Mon âme est contente :
　Mon Jésus est tout mon bien,　　(*bis*)
　　　Je ne craindrai rien!

　　2 Oh! quelle tendresse,
　　　Quel immense amour!
　　　Cet amour me presse
　　　D'aimer à mon tour :
　　　Aimer, c'est te suivre
　　　Et c'est t'obéir.
　　　Aimer, oui, c'est vivre
　　　Et s'épanouir.　　　　　*Ch.*

　　3 Que le cœur en fête,
　　　La nuit et le jour,
　　　Toujours je reflète
　　　Son immense amour!
　　　L'amour qui rayonne,
　　　Te gagnant les cœurs,
　　　Voilà la couronne
　　　Au front des vainqueurs.　　*Ch.*

　　　　　Ch. ROCHEDIEU.

164

1 Joie au ciel! Ecoutez, écoutez ces canti-
　Le prodigue est de retour!　　[ques :
　Il revient, il revient! Ouvrez-vous, saints
　　　　　　　　　　[portiques!
　Il revient affamé de pardon et d'amour.

Debout sur la route,
Son père l'attend :
« C'est lui, plus de doute,
Voici mon enfant! »
Plein de tendresse,
　Il court, il presse
Dans ses bras le fils repentant.

Ch. : Joie au ciel! Ecoutez, écoutez ces
　　　　　　　　　[cantiques :
　　　Le prodigue est de retour!

2 Joie au ciel! Ecoutez, écoutez sa prière,
　Car il pleure et se repent :　[dre Père,
« J'ai péché, j'ai péché contre toi, ten-
　Et je n'ose espérer d'être encor ton en-
　　Le père s'écrie :　　　　　[fant. »
　« Mon fils est sauvé!
　Il vient à la vie!
　Il est retrouvé! »
　Le fils écoute,
　Et son cœur doute
Qu'un si beau jour se soit levé.　　*Ch.*

3 Joie au ciel! « Apportez des vêtements
　Pour le voyageur lassé.　　[de fête
　Qu'au banquet de l'amour ma demeure
　　　　　　　　　　　[s'apprête
　Et dans nos chants joyeux oublions le
　Oui, que tout s'efface,　　　[passé.
　Qu'il ne reste plus
　Mémoire ni trace
　Des jours disparus.
　Au fils que j'aime,
　Aujourd'hui même,
Mon cœur et mes biens sont rendus. » *Ch.*

　　　　　　　　R. S.

165

　　1 Jour du Seigneur,
　　　J'ouvre mon cœur
　　　A ta douce lumière;
　　　Jour solennel,
　　　A l'Eternel
　　　Consacre ma prière.

　　2 Dieu tout-puissant,
　　　Dieu bienfaisant,
　　　J'ai besoin de ta grâce.
　　　Eclaire-moi,
　　　Soutiens ma foi;
　　　Je viens chercher ta face.

　　3 Ta vérité,
　　　Ta charité
　　　Brillent dans ta parole.
　　　Seule elle instruit,
　　　Guide et conduit
　　　Notre âme et la console.

4 Que ton Esprit,
  O Jésus-Chrit,
Habite dans notre âme!
Que ton amour,
Et nuit et jour,
L'embrase de sa flamme.

Chants chrétiens.

166

1 Jusqu'à la mort nous te serons fidèles;
Jusqu'à la mort tu seras notre Roi;
Sous ton drapeau, *Jésus, tu nous appelles;*
Nous y mourrons en luttant avec toi!

Chœur :

Jusqu'à la mort! C'est notre cri de guerre,
Le libre cri d'un peuple racheté;   [nière
Jusqu'à la mort nous aurons pour ban-
Ta croix sanglante, ô Christ ressuscité!

2 Pour toi, Jésus, on est heureux de vivre;
Tous les chemins avec toi semblent doux.
Agneau de Dieu, qui ne voudrait te sui-
                  [vre
Jusqu'à la mort, toi qui mourus pour
              [nous? *Ch.*

3 Jusqu'à la mort soumis à ta puissance,
Nous voulons vivre et mourir sous tes
              [lois,
Toi qui pour nous poussas l'obéissance
Jusqu'à la mort et la mort de la croix.
       Ch.

4 Mais, ô Sauveur! tu sais notre faiblesse;
Nous tomberons sûrement en chemin,
Si tu ne viens accomplir ta promesse,
Jusqu'à la mort nous tenir par la main.
       Ch.

5 Que ton Esprit nous guide et nous anime,
Et que sa flamme embrasant tous nos
             [cœurs,
Nous devenions par toi, sainte victime,
Sur la mort même un peuple de vain-
         [queurs! *Ch.*
       R. S.

167

1 La croix que Dieu me donne
  A porter ici-bas
Est jointe à la couronne
Qui ne se flétrit pas.
Celui qui me l'impose
Se nomme mon Sauveur;
Sur Lui je me repose;
Il est mon défenseur.

2 Le premier, sur lui-même
Il a chargé la croix.
Après lui, puisqu'il m'aime,
Dois-je en craindre le poids?
Jésus, en qui j'espère
Et qui la prit sur lui,
Me la rendra légère :
Il est mon sûr appui.

3 C'est Lui dont la sagesse
Me trace mon chemin,
Lui qui, dans ma faiblesse,
Me tend toujours la main.
C'est Lui qui renouvelle
Ma force chaque jour;
Jamais ce Dieu fidèle
N'a trompé mon amour.

4 Prends donc, prends sans **tristesse**
O mon âme, ta croix!
Du Seigneur la sagesse
En mesure le poids.
La douleur qu'Il t'envoie
Bientôt disparaîtra;
D'une éternelle joie
Ton Dieu te comblera.

     Recueil de M. BERSIER.

168

1 La croix reste debout, *Alléluia! (bis)*
Elle domine tout! *Alléluia! (bis)*
C'est en vain que la haine
Contre elle se déchaîne :
Lumineuse et sereine,
La croix reste debout.

Chœur : Alléluia! *(bis)*
     Au plus fort des combats,
      Alléluia! *(bis)*
     La croix ne recule pas!

2 Sur elle en Golgotha, *Alléluia! (bis)*
Le Fils de Dieu monta, *Alléluia! (bis)*
Amour incomparable!
Ce Sauveur adorable
Pour l'homme misérable
Mourut en Golgotha.   **Ch.**

3 Soldats du Roi des rois, *Alléluia! (bis)*
Portons partout sa croix! *Alléluia! (bis)*
Car tous ceux qu'il délivre
Sous la croix doivent vivre,
Sur la croix doivent suivre
Jésus, le Roi des rois.   **Ch.**
      R. S.

169

1 La foi fait tomber sous nos yeux
Les plus fortes murailles;
La foi nous rend victorieux
Et gagne les batailles.

2 La foi nous ouvre les trésors
De la toute-puissance;
Les plus faibles deviennent forts
Sous sa sainte influence.

3 Protégés par ce bouclier,
Nous n'avons nulle crainte.
Qui sait en Dieu se confier
Du mal brave l'atteinte.

4 Que n'ont pas souffert les héros
Dont nous suivons la trace?
Que de dangers, que de travaux,
Mais quelle sainte audace!

5 Que leur victoire et leurs combats
Enflamment notre zèle!
Croyons et courons sur leurs pas,
Notre Chef nous appelle.

6 Quand la foi vit au fond du cœur
Et nourrit l'espérance,
On est, pour l'amour du Sauveur,
Joyeux dans la souffrance.

ZINZENDORF.

170

1 La lutte suprême
Nous appelle tous,
Et Jésus lui-même
Marche devant nous.
Que sa vue enflamme
Tous ses combattants,
Et soutienne l'âme
Des plus hésitants.

Chœur : Du Christ la bannière
Se déploie au vent;
Pour la sainte guerre
Soldats, en avant!

2 L'ennemi redoute
Le nom seul du Roi;
Il fuit en déroute
Au cri de la foi.
Acclamons ensemble
Jésus, d'un seul cœur,
Et que l'enfer tremble
A ce nom vainqueur.   *Ch.*

3 Nous suivons la trace
Des saints d'autrefois;
Par la même grâce
Sous les mêmes lois,
Vivant de miracles
L'Eglise de Dieu,
De tous les obstacles
Triomphe en tout lieu.   *Ch.*

4 Que les ans s'écoulent,
Que de toutes parts
A grand bruit s'écroulent
Trônes et remparts :
Notre citadelle,
Ferme contre tout,
L'Eglise fidèle
Restera debout!   *Ch.*

5 En avant, Jeunesse!
Que ta noble ardeur,
Jamais ne connaisse
Ni honte, ni peur!
Ton Chef invincible
Marche devant toi,
Et tout est possible
Aux hommes de foi.   *Ch.*

6 Reçois, Chef suprême,
Monarque éternel,
D'un peuple qui t'aime
Le vœu solennel.
Gloire, amour, hommage
Au Ressuscité,
Qu'il soit d'âge en âge,
Partout exalté!   *Ch.*

R. S.

171

1 La mort n'est plus qu'un chemin vers la
[gloire,
Quand nous vivons en Jésus-Christ;
Et sur l'enfer nous avons la victoire,
Quand nous marchons selon l'Esprit.
Oui, par Jésus je sors de l'esclavage,
Libre, joyeux et triomphant,
J'ai de mon Dieu l'éternel héritage,
Et tous les droits de son enfant. (*bis*)

2 Qui peut encore accuser le fidèle?
Le Fils de Dieu l'a racheté;
Qui peut ravir sa couronne immortelle?
Du Dieu fort il est adopté.
Que l'ennemi, le danger, la souffrance,
Viennent m'assaillir chaque jour,
Rien ne pourra, Dieu de ma délivrance,
Me séparer de ton amour. (*bis*)

Recueil de Lyon.

172

1 L'amour de Jésus-Christ nous presse,
Il s'est livré pour son troupeau;
A suivre les pas de l'Agneau,
L'un l'autre animons-nous sans cesse.

2 Au nom du Rédempteur, chers frères,
Donnons-nous tous ici la main,
Pour ne marcher jusqu'à la fin
Que sous ses regards tutélaires.

3 Vois tes enfants, Dieu notre Père,
Qui se consacrent à ton Fils.
Viens à notre aide, et nous remplis
D'amour, de zèle et de lumière.

4 Qu'en nous quittant, Sauveur fidèle.
·Nous demeurions unis en toi;
Habite en nos cœurs par la foi;
Et que l'Esprit nous renouvelle!

CLOTTU.

173

1 La nuit couvre de ses voiles
Hameaux, campagnes, vergers;
Sous le regard des étoiles
Veillent en paix les bergers,
Lorsque, sur la plaine immense,
Une clarté resplendit,
Et dans l'imposant silence
Une voix leur dit :

Ch. : C'est le doux chant de Noël,
Le cantique éternel :
Paix, amour sur la terre, et gloire au
[Dieu du ciel!

2 « Joignez-vous à nos louanges,
Bergers, le Christ vous est né! »
Aussitôt mille voix d'anges
Remplissent l'air étonné.
Jamais plus douce musique
Ne réjouit ces bas lieux,
Non, jamais plus beau cantique
N'a charmé les cieux! *Ch.*

3 Les bergers, sans peur ni doute,
Laissent leurs troupeaux aux champs,
Et les échos de la route
Retentissent de leurs chants :
«Le Christ, le Sauveur du monde
Dans une crèche est venu;
Il naît, charité profonde,
Petit, faible et nu! » *Ch.*

4 Sur les genoux de Marie,
Voici l'enfant, doux trésor!
Dans la pauvre hôtellerie
Les bergers chantent encor :
« C'est pour nous, divin mystère!
Pour nous qu'il naît en ce jour! »
Et depuis lors, de la terre
Monte un chant d'amour : *Ch.*

R. S.

174

1 La Parole du Seigneur
Est la source jaillissante
Où peut toujours notre cœur
Etancher sa soif ardente.
Mon Dieu, du Livre sacré
Répands la grâce infinie;
Conduis tout cœur altéré
A la fontaine de vie.

2 C'est un flambeau dans la main,
De sa splendeur vive et pure
Eclairant notre chemin
A travers la nuit obscure.
Oh! de ce divin flambeau,
Seigneur, sur notre carrière,
Chaque jour, jusqu'au tombeau,
Fais rayonner la lumière!

3 C'est un grain de sénevé,
Que l'Esprit de Dieu féconde;
Car, à peine a-t-il levé,
Qu'il envahit tout le monde.
Que le moindre grain planté
De la divine semence,
Ici, pour l'éternité,
Fructifie en abondance!

Cantique des Ecoles du Dimanche.

175   *(Psaume 24)*

1 La terre au Seigneur appartient,
La terre et ce qu'elle contient,
L'homme et les autres créatures;
Sa main sur les mers la posa,
Il l'enrichit et l'arrosa
De fleuves et de sources pures.

2 Mais quel homme, dans le saint lieu,
Et sur la montagne de Dieu,
Sera digne de trouver place?
L'homme net de mains et de cœur,
Qui n'est parjure ni trompeur,
Qui marche, ô Dieu! devant ta face.

3 Cet homme, Dieu le bénira ;
  Dieu, son Sauveur, l'enrichira,
  Des trésors de sa bienveillance ;
  Telle est la génération
  De ceux qui cherchent, en Sion,
  O Dieu de Jacob ! ta présence.

4 Ouvrez-vous, parvis du vrai Dieu !
  Haussez-vous, portes du saint lieu :
  Le Roi revient de la victoire.
  Quel est-il, ce Roi glorieux?
  C'est le Seigneur, le Dieu des cieux
  C'est l'Eternel, le Roi de gloire!

Clément MAROT.

176

1 La voix de Christ nous appelle ;
  Il est temps de s'éveiller ;
  « La moisson est vaste et belle :
  Qui veut pour moi travailler? »
  C'est ton Sauveur, ô mon frère,
  Dont l'appel s'adresse à toi ;
  Réponds-lui d'un cœur sincère :
  « Me voici, Maître, prends-moi ! » (*bis*)

2 Sans franchir les mers bruyantes,
  Tu peux annoncer Jésus.
  Que d'âmes insoucieuses,
  De cœurs souffrants et perdus !
  Autour de nous l'œuvre est grande,
  Mais petite est notre foi.
  A Jésus qui nous commande
  Répondons : « Maître, aide-moi! » (*bis*)

3 Si d'un sublime langage
  Tu n'as pas reçu le don,
  Tu peux rendre témoignage
  Qu'en Jésus est le pardon.
  A ton frère tu peux dire
  Ce que Christ a fait pour toi.
  Pour que lui-même t'inspire,
  Dis-lui : « Maître, enseigne-moi! » (*bis*)

4 Mais que nul ne nous entende
  Dire encor : « Je ne puis rien! »
  Lorsque Jésus nous commande
  De faire et d'aimer le bien.
  Poursuivons l'œuvre bénie
  Avec zèle, amour et foi,
  Puis, notre tâche finie,
  Nous dirons : « Maître, prends-moi ! »
(*bis*)

R. S.

177

1 L'aube naît, sourit et passe ;
  De ses feux, le Roi du jour
  Inonde un instant l'espace
  Pour disparaître à son tour.
  Mais dans la nuit solennelle
  Un désir s'éveille en moi :
  Quand luira l'aube éternelle?
  Divin Soleil, lève-toi!

2 Ici-bas, toute espérance
  Cache derrière elle un deuil,
  Toute joie une souffrance
  Et toute vertu, l'orgueil.
  Mais au ciel, bonheur suprême,
  Au ciel, plus d'espoirs déçus!
  Je verrai le Dieu que j'aime,
  Et ne l'offenserai plus.

3 Ah! déchire tous les voiles
  Qui te cachent à mes yeux,
  Et d'étoiles en étoiles
  Monteront mes chants joyeux!
  Mais qu'ici-bas j'abandonne
  Mon âme à tes douces lois,
  Qu'en attendant la couronne,
  Je sache porter la croix!
R. S.

178

1 Le ciel était voilé,
  La route était obscure ;
  Voyageur désolé,
  J'errais à l'aventure.
  Chaque arbre du chemin
  Etait une menace,
  Et je cherchais en vain
  La porte de la grâce. (*bis*)

2 Enfin, las et transi,
  Je tombai sur la route
  En disant : « C'est ici
  Que je mourrai sans doute! »
  Quand un rayon des cieux
  Pour moi perçant l'espace,
  Vint montrer à mes yeux
  La porte de la grâce. (*bis*)

3 Mais je doutais encor :
  Se peut-il, ô merveille,
  Que seule, quand tout dort,
  La grâce toujours veille?
  « Pitié! je vais mourir! »
  Murmurai-je à voix basse.
  Et je la vis s'ouvrir
  La porte de la grâce! (*bis*)

4 Et je vis, sur le seuil,
 Debout dans la lumière,
 Jésus! — Quel doux accueil
 Il fit à ma misère!
 « Je t'attendais; pourquoi,
 Dit-il, pauvre âme lasse,
 Viens-tu si tard? C'est moi,
 C'est moi qui suis la grâce! » (bis)

R. S.

179

1 Le cri de mon âme
 S'élève vers toi;
 Elle te réclame,
 Jésus, pour son Roi.
 Ton joug est facile,
 Ton fardeau léger;
 Sur mon cœur docile
 Règne, ô bon berger!

2 Trop longtemps, le monde
 Trompa mes désirs.
 Changeants comme l'onde
 Sont tous ses plaisirs.
 Sa joie est frivole,
 Tout est vanité;
 Seule, ta Parole
 Est la vérité.

3 Parole éternelle,
 O Christ rédempteur,
 Prends-moi sous ton aile,
 Habite en mon cœur.
 Dans la nuit profonde,
 Tiens-moi par la main;
 Lumière du monde,
 Luis sur mon chemin!

4 Source de l'eau vive,
 Pain venu des cieux,
 Que par toi je vive
 Paisible et joyeux!
 Quand luira l'aurore
 Du jour éternel,
 Que je vive encore
 Pour toi, dans le ciel!

R. S.

180

1 Le Fils de Dieu déploie au vent
 Sa bannière immortelle :
 En avant, frères, en avant,
 Et combattons pour elle!
 Comme Jésus, sachons souffrir
 Sans murmure et sans haine...
 Pour triompher, il faut mourir
 Avec son Capitaine!

2 Voyez ce martyr glorieux :
 Il chancelle, il succombe;
 Mais Jésus lui sourit des cieux,
 Il ne craint pas la tombe;
 Et, plus grand que tous les héros,
 Le noble et doux Etienne
 Meurt en priant pour ses bourreaux,
 Comme son Capitaine.

3 Voyez marcher derrière lui
 Cette troupe sublime :
 Dans leurs yeux une flamme a lui,
 L'Esprit-Saint les anime.
 Apôtres de la vérité,
 Sur la sanglante arène
 Ils tombent — mais sans lâcheté —
 Comme leur Capitaine.

4 Voyez ces enfants, ces vieillards,
 Ces petits de la terre
 Enrôlés sous les étendards
 Du Prince débonnaire.
 Ils ont souffert, ils ont vécu,
 Ils sont morts à la peine,
 Mais c'est ainsi qu'ils ont vaincu,
 Comme leur Capitaine.

5 Le Fils de Dieu déploie au vent
 Sa bannière immortelle :
 En avant, frères, en avant,
 Et combattons pour elle!
 C'est l'heure du dernier effort,
 La victoire est certaine
 Si nous luttons jusqu'à la mort
 Pour notre Capitaine!

R. S.

181

1 Le Sauveur est ressuscité! (bis)
 Alléluia! l'enfer succombe
 Plein de gloire et de majesté,
 Jésus triomphe de la tombe.

2 Ames en deuil, ne pleurez pas! (bis)
 Jésus est votre délivrance;
 Dans la nuit sombre ou trépas
 Il fait rayonner l'espérance.

3 Oui, gloire à toi, mon Rédempteur! (b.)
 Qu'à ton nom tout genou fléchisse,
 Et que la terre, ô mon Sauveur,
 Pour t'adorer au ciel s'unisse.

J.-J. HOSEMANN.

182

1 Le signal de la victoire
  Déjà brille aux cieux,
  La couronne de la gloire
  Paraît à nos yeux.

Ch. : Je viens, combattez encore!
     Dit Jésus à tous.
     Oui, mon Sauveur, je t'implore,
     Je lutte à genoux.

2 Que l'ennemi plein de rage,
  Redouble ses coups :
  Nous ne perdons point courage :
  Christ est avec nous.   *Ch.*

3 Suivons, amis, la bannière
  Du Sauveur en croix,
  Et que notre armée entière
  Se range à sa voix.   *Ch.*

4 Rude et longue est la mêlée;
  Voici le secours!
  Dans nos mains prenons l'épée
  Qui vainquit toujours!   *Ch.*

E. BARDE.

183

1 Le silence et le mystère
Couvrent plaines et cité :
« Gloire à Dieu, paix sur la terre,
A tous, bonne volonté! »
— D'où viennent ces chants étranges,
Ces accords si purs, si doux?
— Bergers, c'est la voix des anges, ⎱ (bis)
Et leur message est pour vous!   ⎰

2 Celui que la terre appelle
De ses vœux et de ses pleurs,
Depuis que pèse sur elle
Le lourd fardeau des douleurs,
Le fils promis à la femme,
Le Sauveur prédestiné,
L'espérance de toute âme, ⎱ (bis)
Le Libérateur est né!   ⎰

3 Fille d'Adam, race humaine.
Viens, adore ici ton Roi!
Il a le ciel pour domaine
Et s'abaisse jusqu'à toi!
Pour lui, c'est ici la porte
Qui s'ouvre sur le tombeau,
Mais pour toi, pauvre âme morte, ⎱ (bis)
Cette crèche est un berceau.   ⎰

4 « Gloire à Dieu, paix sur la terre,
A tous bonne volonté! »
O profondeurs, ô mystère
De tendresse et de bonté!
Joignons-nous aux chœurs des anges :
Ce n'est pas trop de nos voix
Pour célébrer les louanges ⎱ (bis)
De la crèche et de la croix! ⎰

R. S.

184

1 Le jour s'enfuit, l'heure passe,
  Le jour fait place à la nuit;
  Tout disparaît et s'efface,
  Tout meurt et s'évanouit;
  Oh! ne perdons pas courage,
  Disons-nous que, chaque jour,
  Nous approchons du rivage,
     Divin séjour!

2 Puisque le Seigneur de gloire
  Est venu nous secourir,
  Puisqu'il nous suffit de croire
  Pour qu'il veuille nous guérir,
  Confions-nous en sa grâce;
  A tous il dit : « Viens et crois!
  Je suis mort à votre place,
     Mort sur la croix! »

3 Encore un peu de souffrance,
  De combats et de travaux,
  Puis viendra la délivrance
  Et l'heureux jour du repos.
  Je veux, ô mon tendre Père,
  Vivre pour toi désormais
  Jusqu'au bout de ma carrière...
     Oui, pour jamais!

A. FISCH.

185

1 L'Eternel est ma part, mon salut, mon
[breuvage;
Il a fixé mon lot dans un bel héritage.
Mon âme, égaie-toi! Réjouis-toi, mon
[cœur!
Entonne un chant d'amour, Jésus est ton
[Sauveur!

2 Rebelle, je vivais au milieu des rebelles;
Mais Jésus-Christ m'a vu des voûtes
[éternelles.
Il a quitté les cieux pour sauver un pé-
[cheur;
Mon âme, égaie-toi! Jésus est ton Sau-
[veur!

3 Qu'il est bon de t'avoir, Jésus, pour sa-
[crifice,
Pour bouclier, pour Roi, pour soleil,
[pour justice!
Qu'elle est douce la paix dont tu remplis
[le cœur!
Mon âme, égaie-toi! Jésus est ton Sau-
[veur!
MERLE D'AUBIGNÉ.

168   (Psaume 23)

1 L'Eternel est mon Berger,
Je n'aurai *point* de disette;
Je me laisse diriger
Par sa fidèle houlette.

2 Il me fait goûter la paix
Au milieu des prés fertiles,
Et sous sa garde je pais
Le long des ruisseaux tranquilles.

3 C'est grâce à son nom divin
Qu'il peut restaurer mon âme,
Et qu'il me guide au chemin
Du salut que je réclame.

4 Je ne craindrais aucun mal
Alors qu'il me faudrait même,
O mort, de ton sombre val
Traverser la nuit suprême!

5 Car Dieu marche près de moi
Dans cette vallée obscure;
Son bâton chasse l'effroi,
Sa houlette me rassure.

6 Aux yeux de mes ennemis,
Pour moi le festin s'apprête;
A flots coule un vin exquis,
L'huile parfume ma tête.

7 Oui, le bonheur et la paix
M'accompagnent d'heure en heure,
Et du Seigneur le palais
Sera toujours ma demeure.
A. DECOPPET.

187   (Psaume 27)

1 L'Eternel seul est ma lumière,
Ma délivrance et mon appui :
Qu'aurais-je à craindre sur la terre
Puisque ma force *est toute en lui?* (bis)

2 Pour m'assaillir quand une armée
A l'entour de moi camperait,
Mon âme, sans être alarmée,
En l'Eternel *s'assurerait.* (bis)

3 Son bras puissant, à ma requête,
Un prompt secours me prêtera,
Et dans le fort de la tempête
Sur un rocher *m'élèvera.* (bis)

4 Réponds-moi donc; j'attends ta grâce :
Seigneur, exauce ton enfant!
Tu me dis de chercher ta face,
Et je la cherche, *ô Dieu vivant!* (bis)

5 Oui, de mon père ou de ma mère
Quand l'amour m'abandonnerait,
De l'Eternel, en ma misère,
La pitié *me recueillerait.* (bis)

6 Mes yeux verront la délivrance
Que mon Sauveur m'accordera;
Aussi mon cœur, plein d'assurance,
En l'attendant *s'affermira.* (bis)
C. MALAN.

188   (Psaume 24)

1 L'Eternel seul est Seigneur,
Seul il est dominateur (*bis*)
Sur les peuples de la terre;
Il est Maître souverain (*bis*)
Des ouvrages que sa main,
Pour sa gloire a voulu faire.

2 Mais quel bienheureux mortel
Au saint mont de l'Eternel (*bis*)
Aura le droit de paraître?
Et quel homme, ô puissant Roi, (*bis*)
Pour demeurer avec toi
Assez juste pourrait être?

3 C'est l'homme qui, dans son cœur,
Par ton Esprit, ô Seigneur! (*bis*)
Hait du péché les souillures;
Qui, fuyant la fausseté, (*bis*)
Te sert en sincérité,
Levant vers toi des mains pures.

4 Ouvrez-vous, célestes lieux :
Haussez-vous, portes des cieux! (*bis*)
Car voici le Roi de gloire,
Quel est ce Roi, ce vainqueur? (*bis*)
C'est Jésus, le Rédempteur
Qui revient de la victoire.

5 Avec Lui, nous entrerons,
Avec Lui nous règnerons (*bis*)
Dans cette gloire éternelle :
Ouvrez-vous, portes des cieux, (*bis*)
Tressaillez, célestes lieux,
D'une allégresse nouvelle!
C. MALAN.

189

1 *Le* Tout-Puissant est mon Berger;
   Son amour me fait vivre;
Il n'est disette ni danger
   Dont il ne me délivre.

2 Chaque matin il me conduit
   Près des sources d'eau vive,
Et je m'endors quand vient la nuit,
   Sous sa garde attentive.

3 Je m'égarais, folle brebis,
   Mais tu suivis ma trace,
Et dans tes bras tu me repris,
   Amour que rien ne lasse!

4 Et maintenant je ne veux plus
   Sans toi marcher une heure;
Pour vivre et mourir, ô Jésus,
   Sous ta croix je demeure.

5 Car seule elle me guidera
   Dans le sombre passage;
Mon âme, ô Sauveur, bénira
   Ton amour, d'âge en âge!

        R. S.

190

1 Lève les yeux vers Christ, toi qu'assaille
        [l'orage!
Il peut par son regard, ranimer ton cou-
        [rage.
La mer est menaçante et faible est ton
        [esquif,
Mais regarde à Jésus et ne sois plus
        [craintif.

2 Lève les yeux vers Christ! Sur les flots
        [il s'avance,
Du geste et de la voix leur imposant si-
        [lence.
L'harmonie et la paix accompagnent Jé-
        [sus;
Lève les yeux vers lui, frère, et ne trem-
        [ble plus!

3 Lève les yeux vers Christ! Qu'à lui ton
        [cri s'adresse.
Nul ne peut comme lui sauver l'âme en
        [détresse;
D'un seul mot mettre un frein à la fu-
        [reur des vents,
Et guider ta nacelle au sein des flots
        [mouvants.

4 Oh! regarde à Jésus, durant ta vie en-
        [tière!
Sur lui fixe les yeux à ton heure der-
        [nière.
Sa clarté chassera les ombres de la mort.
Et tout sera paisible, et tu verras le port!

        R. S.

191

1 Lève-toi, vaillante armée,
   Pour les combats du Seigneur;
C'est ton Dieu qui t'a formée,
   C'est Lui seul qui rend vainqueur.
Soldats, à la sainte guerre,
   Préparez-vous en ce jour!
Il faut soumettre la terre
   Au Roi de paix et d'amour. (*bis*)

2 Allez révéler au monde
   L'amour du Dieu tout-puissant;
Dans l'obscurité profonde
   Annoncez le jour naissant.
Aux peuples sans espérance,
   Dites que Christ est venu,
Apportant la délivrance
   Au cœur coupable et perdu. (*bis*)

3 Sur le plus lointain rivage,
   Portez l'éternelle croix;
Avec un nouveau courage,
   Partout élevez la voix.
Qu'ainsi l'Eglise s'étende
   Ici-bas sous tous les cieux,
Et que partout l'on entende,
   O Christ! ton nom glorieux. (*bis*)

4 Heureux ceux qui pour leur Maître
   Auront voulu tout souffrir!
Le grand jour fera connaître
   L'honneur qui les doit couvrir.
Dans l'immortelle victoire
   De Jésus, le Roi des rois,
Ils auront part à sa gloire,
   Ayant eu part à sa croix. (*bis*)

        E. Bersier

192

1 Levons-nous, frères, levons-nous,
   Car voici notre Maître.
Il est minuit, voici l'Epoux;
   Jésus-Christ va paraître. (*bis*)

2 Avec les siens il vient régner
   Et délivrer l'Eglise;
Bientôt il va la couronner
   De la gloire promise. (*bis*)

3 Ne crains donc point, petit troupeau,
   Toi que chérit le Père!
Que toujours la croix de l'Agneau
   Soit ta seule bannière. *(bis)*

4 Et si le monde est contre toi,
   Ses mépris sont ta gloire;
L'amour, l'espérance et la foi
   Te donnent la victoire. *(bis)*

5 Gloire à Jésus-Christ, mon Sauveur,
   Car en Lui seul j'espère!
Heureux celui qui dans son cœur
   L'adore et le révère! *(bis)*

J. HOSEMANN.

193

1 Le vieux Noël est revenu
  Vêtu de son manteau de neige;
Petits et grands l'ont reconnu,
Et lui font un joyeux cortège,
Voici Noël, le gai Noël!
Dans la nuit, le froid, la souffrance,
A tous il parle d'espérance,
A tous il apporte le ciel!

Ch. : Voici Noël, le gai Noël!
   Dans la nuit, le froid, la souffrance,
   A tous il parle d'espérance,
   A tous il apporte le ciel!

2 — Noël, d'où viens-tu de ce pas?
— Je viens de la cité bénie,
De Bethléem, où dans mes bras
J'ai tenu le fils de Marie.
— Noël, que viens-tu faire ici?
— Je suis le messager de joie;
Prenez les présents que voici,
L'enfant Jésus vous les envoie.   *Ch.*

3 — Noël, as-tu d'autres enfants?
— J'ai visité toute la terre;
Partout des hymnes triomphants
Ont célébré mon doux mystère!
— Noël, ne t'en va pas encor!
— Enfants, le plaisir n'a qu'une heure;
Je pars, mais le divin trésor
Jésus, auprès de vous demeure!   *Ch.*

R. S.

194

1 L'heureux troupeau reposait sûrement
   Dans un gras pâturage;
Une brebis, seule, errait follement
   Dans la nuit, dans l'orage.
Par monts, par vaux, exposée au danger,
Elle fuyait l'amour du bon Berger. *(bis)*

2 — Quatre-vingt-dix-neuf brebis sont ici;
   Qu'importe la centième?
Mais le Berger dit : « Je la veux aussi,
   C'est la brebis que j'aime.
Dans le désert je veux la retrouver,
Et, s'il le faut, mourir pour la sau-
            [ver. » *(bis)*

3 Ah! parmi ceux qu'il laissait dans le ciel,
   Dans le séjour de gloire,
Nul ne connut l'amertume du fiel
   Que le Sauveur dut boire;
Nul ne connut tout ce qu'il a souffert
Pour sa brebis égarée au désert.   *(bis)*

4 — Pourquoi ce sang, dont je vois des
   Les pierres arrosées?   [chemins
O mon Sauveur! Pourquoi vois-je tes
   Par les ronces percées?   [mains
— Pour ma brebis qui s'éloigne de moi,
Mais dont j'ai vu la misère et l'ef-
           [froi. *(bis)*

5 Soudain, un cri sur les monts éclata :
   « Ma brebis est trouvée! »
Le chœur joyeux des anges répéta :
   « Victoire! Elle est sauvée! »
Et, dans ses bras, le céleste Berger
La ramenait à l'abri du danger.   *(bis)*

R. S.

195

1 L'ombre descend de la colline;
Tout fait silence autour de nous;
Le ciel d'étoiles s'illumine;
Que leur regard est pur et doux!
Petits enfants, entendez-vous
   La voix divine,
Comme un souffle mystérieux
   Qui vient des cieux?

2 Ce souffle passe dans les branches
Où dorment les petits oiseaux,
Il fait frissonner les pervenches,
Il fait soupirer les roseaux,
Et l'on voit glisser sur les eaux
   Des voiles blanches,
A ce souffle mystérieux
   Qui vient des cieux!

3 Cette brise douce et légère,
C'est ton haleine, ô Dieu clément!
Elle verse à toute la terre
Le repos et l'apaisement.
Ah! que dans le recueillement
   Notre prière,
Comme un souffle mystérieux,
   S'élève aux cieux!

R. S.

196

1 Lutte quand l'Esprit de grâce
T'attire et te convertit;
Que ton cœur se débarrasse
De tout secret interdit!
Ne reste pas en chemin!
Cœur qui doute n'obtient rien :
    Lutte bien! (*bis*)

2 Lutte pour brûler de zèle,
Pour que le premier amour
T'arrache au monde infidèle,
T'en détache sans retour.
Ne t'accorde aucun répit;
Persévère jour et nuit :
    Lutte bien! (*bis*)

3 Lorsque la perle est gagnée,
Ne crois pas que désormais
La lutte soit terminée,
Le mal détruit pour jamais.
Défie-toi de ton cœur;
Ne regarde qu'au Sauveur!
    Veille bien! (*bis*)

4 Un cœur fidèle et sincère,
Aime Christ, hait le péché,
Pleure et combat sur la terre,
A soif de l'éternité.
Soldat de Christ, lutte encor!
Dans le ciel est ton trésor :
    Lutte bien! (*bis*)

                (*Imité*).

197

1 Maître, entends-tu la tempête
Et ses terribles accents?
Parle, Seigneur et l'arrête;
Sauve, sauve les enfants!
Mais aucun bruit ne l'éveille;
Il dort et nous périssons.
A nos cris prête l'oreille,
Sauve-nous, nous t'en prions!

Ch. : Il parle aux flots en démence :
Paix vous soit !...
La mer, les vents font silence;
Paix vous soit! Paix vous soit!
Il est notre délivrance;
Paix vous soit!

2 Maître, mon cœur qui chancelle
Traverse les grandes eaux,
Et l'orage à ma nacelle
Livre de rudes assauts.

Oh! qui verra ma détresse?
D'où me viendra le secours?
A toi, Seigneur, je m'adresse,
C'est à toi que j'ai recours.   *Ch.*

3 Maître, l'onde est apaisée,
Le doute a quitté mon cœur,
Et mon âme consolée
A retrouvé son Sauveur.
Oh! prends dans ta main ma vie
Jusques au jour de ma mort!
En toi seul je me confie;
Tu me conduiras au port.   *Ch.*

198

1 Marchons avec joie
Dans le bon chemin,
Dans l'étroite voie
Du bonheur sans fin.
Laissons en arrière
Les biens d'ici-bas;
Prions notre Père
De guider nos pas.
Comptant sur sa grâce,
Remplis de sa paix,
Que rien n'embarrasse
Nos pas désormais.

2 Si rude est la route,
Glissant le sentier,
Le Seigneur écoute
Qui le sait prier.
Il est la lumière,
Le libérateur
Du cœur qui n'espère
Qu'en son Dieu-Sauveur.
Sa toute-puissance
Défend le croyant;
Son amour immense
Sauve son enfant.

3 Et quand sonne l'heure
De quitter ces lieux,
Il a pour demeure
Le palais des cieux!
Vêtements de gloire,
D'immortalité,
Palmes de victoire
Pour l'éternité!
Voilà ce que donne
Le Seigneur Jésus!
Voilà la couronne
De tous les élus.

              G. JAULMES.

199

1 Ma richesse, ma gloire
Et ma félicité,
O Jésus! c'est de croire
Que tu m'as racheté.
Rempli de confiance
En toi, divin Sauveur,
Je vis dans l'espérance
Et je marche sans peur.

2 Rien n'ôte les souillures,
Rien ne guérit le cœur,
Sinon les meurtrissures
Et le sang du Sauveur.
Oui, Jésus seul nous lave
De toute iniquité,
Et procure à l'esclave
L'heureuse liberté.

3 Oh! que toute la terre
Apporte à ce Sauveur
Ses péchés, sa misère!
Il fait grâce au pécheur.
Son amour insondable
Lui fit quitter le ciel,
Pour donner au coupable
Un salut éternel.

S. BEZ.

200

1 Matelots, en voyage
Vers le bord éternel;
S'il survient un orage,
Pensons au doux rivage,
Notre port est au ciel! (*bis*)

2 Vers Jésus, douce étoile,
Jésus, astre immortel
Que jamais rien ne voile,
Dirigeons notre voile;
Notre port est au ciel!

3 Pour celui qu'il seconde
D'un regard fraternel,
Que sont le vent et l'onde?
En vain l'océan gronde
Quand le port est au ciel! (*bis*)

L. TOURNIER.

201

1 Miséricorde insondable!
Dieu peut-il tout pardonner?
Absoudre un si grand coupable,
Et mes péchés oublier?

Chœur : Jésus, je viens! je viens à Toi
Tel que je suis, je viens à Toi!
Jésus, je viens! je viens à Toi!
Tel que je suis, prends-moi.

2 Longtemps j'ai, loin de sa face,
Provoqué son saint courroux,
Fermé mon cœur à sa grâce,
Blessé le sien devant tous.   Ch.

3 O Jésus! à toi, je cède,
Je veux être libéré;
De tout péché qui m'obsède
Etre à jamais délivré.   Ch.

4 Alléluia! plus de doute,
Mon fardeau m'est enlevé;
Pour le ciel je suis en route,
Heureux pour l'éternité.   Ch.

202

1 Moment si doux de la prière,
Où Dieu m'élevant jusqu'à lui,
Se révèle à moi comme un Père,
Comme un Sauveur, comme un appui.

2 Oh! oui, je t'aime, heure bénie,
Je te désire avec ardeur,
Car déjà souvent dans la vie,
Tu m'as sauvé du tentateur.

3 C'est toi, doux moment de prière,
Qui me transportes jusqu'aux cieux,
Où Jésus, mon ami, mon frère,
Lui-même présente mes vœux.

4 Déjà souvent dans la tristesse
Tu fus ma force et mon espoir;
Pour qui te recherche sans cesse
Jamais il n'est de ciel trop noir.

Mme MÉGROZ.

203

1 Mon cœur joyeux, plein d'espérance,
S'élève à toi, mon Rédempteur!
Daigne écouter avec clémence
Un pauvre humain, faible et pécheur.
En toi seul est ma confiance,
En toi seul est tout mon bonheur.

2 C'est vers ton ciel que, dans ma course
Je vois aboutir tous mes pas;
De ton Esprit la vive source
Me rafraîchit quand je suis las;
Et, dans le danger, ma ressource
Est dans la force de ton bras.

3 Le jour, je marche à ta lumière;
La nuit, je repose en ton sein;
Dès le matin, à ma prière,
Tu viens éclairer mon chemin,
Et chaque soir, ô mon bon Père,
Tu prépares mon lendemain.

4 Je vois ainsi venir le terme
De mon voyage en ces bas lieux,
Et j'ai l'attente vive et ferme
Du saint héritage des cieux;
Sur moi si la tombe se ferme,
J'en sortirai victorieux!

C. MALAN.

204

1 Mon cœur te cherche au point du jour,
O Jésus, mon Ami suprême,
Toi qui m'as tant aimé, je t'aime,
Et je vis de ton amour.

Chœur :

Mon âme est attachée à toi,
Et tu fais ta demeure en moi.
Je sens ton cœur battre en mon cœur,
Et ta présence est mon bonheur!

2 Pour moi, sur la terre étranger,
Ton amour vaut mieux que la vie.
Jésus, pour mon âme ravie,
N'es-tu pas le bon berger?   **Ch.**

3 Devant ton merveilleux amour,
En t'adorant, mon âme heureuse
Triomphe et célèbre, joyeuse,
Tes bontés de chaque jour!   **Ch.**

Ch. ROCHEDIEU.

205

1 Mon cœur te réclame,
Pays du repos!
Protégez mon âme,
Ailes du Très-Haut.
Refuges du monde,
Me recevrez-vous?
Si l'orage gronde
M'abriterez-vous?
Non, non, (*bis*)
Mille fois non.
Le pays de l'âme,
Le lieu du repos
Que mon cœur réclame,
Rayonne là-haut.

2 Prends ton vol, mon âme,
Vers ton beau pays,
Vers la pure flamme
Du saint paradis.
Sion bien-aimée,
Ruisselante d'or,
Serais-tu le port?
Oui, oui, (*bis*)
Mille fois oui!
Céleste patrie,
J'ai soif de repos,
Mon âme ravie
Te verra bientôt.

3 Mort anéantie,
Péché disparu,
Tristesse bannie
Du cœur de l'élu,
Instruments sonores,
Chœurs mélodieux,
Redites encore
Votre chant joyeux :
Repos, repos,
Divin repos!
Je fuis de la terre
Le mortel tourment;
Dans tes bras, mon Père,
Reçois ton enfant!

L. PAUL.

206

1 Mon corps, mon cœur, mon âme
Ne m'appartiennent plus;
Ton amour les réclame :
Ils sont à toi, Jésus!

Chœur : Reçois mon sacrifice,
Il est sur ton autel!
Esprit, Esprit, descends,
J'attends le feu du ciel.

2 En toi je me confie,
Je m'abandonne à toi;
Ton sang me purifie
Et ta grâce est ma loi.   **Ch.**

3 Consacre mon offrande,
Mets ton sceau sur mon cœur!
Le sceau que je demande
C'est ton Esprit, Seigneur.   **Ch.**

A. FISCH.

207

1 Mon Dieu, mon Père,
Ecoute-moi,
Car ma prière
S'élève à toi.

En Jésus-Christ,
Tu nous l'as dit,
Je puis, Seigneur,
T'ouvrir mon cœur.
Ah! Fais-moi grâce,
Dieu tout puissant!
Tourne ta face
Vers ton enfant.

2 Viens, je te prie,
Change mon cœur;
Guide ma vie
Loin de l'erreur.
Mon seul désir
Est de choisir
La bonne part
Sous ton regard.
Que mon offense
Ta patience,
Ne lasse plus
Seigneur Jésus!

3 Fais-moi comprendre
Ta charité
Et bien entendre,
Ta vérité.
Oui, que ta main
Sur mon chemin,
Soit, ô Dieu fort,
Mon seul support!
Que ta puissance
Sois chaque jour
Ma délivrance,
O Dieu d'amour!

4 Rends-moi fidèle
Par ton secours
Et sous ton aile
Tiens-moi toujours;
Loin du danger,
O bon Berger,
Conduis mes pas
Jusqu'au trépas;
Vois ma faiblesse
Et me soutiens
Par ta tendresse :
Je t'appartiens.

C. MALAN.

208

1 Mon Dieu, plus près de toi,
  Plus près de toi!
C'est le mot de ma foi :
  Plus près de toi.
Dans le jour où l'épreuve
Déborde comme un fleuve,
Garde-moi près de toi,
  Plus près de toi.

2 Plus près de toi, Seigneur,
  Plus près de toi!
Tiens-moi dans ma douleur
  Tout près de toi.
Alors que la souffrance
Fait son œuvre en silence,
Toujours plus près de toi,
  Seigneur, tiens-moi!

3 Plus près de toi, toujours
  Plus près de toi!
Donne-moi ton secours,
  Soutiens ma foi.
Que Satan se déchaîne,
Ton amour me ramène
Toujours plus près de toi,
  Plus près de toi.

4 Mon Dieu, plus près de toi!
  Dans le désert
J'ai vu, plus près de toi,
  Ton ciel ouvert.
Pèlerin, bon courage!
Ton chant brave l'orage...
Mon Dieu, plus près de toi,
  Plus près de toi!

CHATELANAT.

209

1 Mon Dieu, que jamais je n'envie
La paix trompeuse du pécheur :
Donne-moi d'accepter la vie
Telle que tu la veux, Seigneur.

2 Ne permets pas que le mystère
Qui me voile ta vérité
Me fasse oublier pour la terre
Du ciel l'éternelle beauté.

3 Qu'en humble enfant je te confie
Mon avenir et mon bonheur!
Que sur ta main ma main s'appuie
Pour être fort dans la douleur!

4 Transforme en force ma faiblesse;
Que je te donne tout mon cœur;
Et que du péché qui me presse
Par ta grâce je sois vainqueur!

A. DECOPPET.

210

1 Mon Dieu, quelle guerre cruelle!
Je trouve deux hommes en moi :
L'un veut que, plein d'amour pour toi,
Mon cœur te soit toujours fidèle,
L'autre, à tes volontés rebelle
Se révolte contre ta loi.

2 L'un, tout esprit et tout céleste,
Veut qu'au ciel sans cesse attaché
Et des biens éternels touché,
Je compte pour rien tout le reste;
Et l'autre, par son poids funeste,
Me tient vers la terre penché.

3 Hélas! En guerre avec moi-même,
Où pourrai-je trouver la paix?
Je veux et n'accomplis jamais;
Je veux, mais, ô misère extrême!
Je ne fais pas le bien que j'aime
Et je fais le mal que je hais.

4 O grâce, ô rayon salutaire!
Viens me mettre avec moi d'accord;
Et domptant, par un doux effort,
Cet homme qui t'est si contraire,
Fais ton esclave volontaire
De cet esclave de la mort!

RACINE.

211

1 Mort avec Christ d'une mort volontaire,
Je vis au ciel déjà sur cette terre
En attendant son glorieux retour,
Je suis gardé par lui de jour en jour.

Chœur :

Jour après jour, gardé par ton amour,
Jour après jour à l'abri de ton aile
C'est le repos, c'est la vie éternelle!
Je t'appartiens, ô Sauveur, pour toujours.

2 Il n'est douleurs que son cœur ne par-
[tage,
Il n'est fardeaux dont il ne me soulage,
Il n'est de pleurs qu'il ne daigne tarir,
Il n'est de maux qu'il ne puisse guérir.
Chœur.

3 A mes soupirs s'incline son oreille,
Lorsque je dors, près de moi son cœur
[veille;
Quand, pour toujours mes yeux se fer-
[meront,
Ses bras puissants au ciel me porteront.
Chœur.
R. S.

212

1 Mortels, voulez-vous savoir
Quel est mon unique espoir,
Ma sagesse et ma science,
Mon trésor, ma récompense? (*bis*)
C'est Jésus crucifié.
C'est Jésus, c'est Jésus,
C'est Jésus crucifié.

2 Quelle est l'ancre de ma foi?
De mon cœur, quelle est la loi?
Quel est mon seul sacrifice,
Ma sainteté, ma justice? (*bis*)
C'est Jésus crucifié,
C'est Jésus, c'est Jésus,
C'est Jésus crucifié.

3 De mon esprit languissant,
Qui fait cesser le tourment?
Dans la peine et la souffrance,
Qui soutient ma confiance? (*bis*)
C'est Jésus ressuscité
C'est Jésus, c'est Jésus,
C'est Jésus ressuscité.

4 Quel est celui dont la mort
Me prépare un nouveau sort?
Quel est cet Ami fidèle
Qui sans cesse à Lui m'appelle? (*bis*)
C'est Jésus glorifié,
C'est Jésus, c'est Jésus,
C'est Jésus glorifié.
Cant. pop.

213

1 Ne crains rien, je t'aime!
Je suis avec toi!
Promesse suprême,
Qui soutient ma foi.
La sombre vallée
N'a plus de terreur,
L'âme consolée,
Je marche avec mon Sauveur.

Chœur : Non jamais tout seul (*bis*)
Jésus mon Sauveur me garde
Jamais ne me laisse seul
Non jamais tout seul (*bis*)
Jésus mon Sauveur me garde
Je ne suis jamais tout seul.

2 L'aube matinière
Ne luit qu'aux beaux jours,
Jésus, ma lumière,
M'éclaire toujours!
Quand je perds de vue
L'astre radieux,
A travers la nue,
Jésus me montre les cieux! *Ch.*

3 Les dangers accourent,
Subtils, inconnus :
De près ils m'entourent,
Plus près est Jésus,
Qui dans le voyage,
Me redit : « C'est Moi! »
Ne crains rien, courage :
Je suis toujours avec toi. *Ch.*

214

1 Ne te désole point, Sion, sèche tes lar-
[mes;
L'Eternel est ton Dieu, ne soit plus en
[alarmes!
Il te reste un repos dans la terre de paix;
Le Seigneur te ramène et te garde à ja-
[mais!

2 Il te rétablira sur tes saintes collines;
Nos yeux ne verront plus l'aspect de tes
[ruines.
Tout sera relevé, comme en tes plus
beaux jours :
Les murs de tes cités, tes remparts et tes
[tours.

3 Un jour, un jour viendra que tes gardes
[fidèles
Sur les monts d'Ephraïm s'écrieront : ô
[rebelles,
Retournez en Sion! L'Eternel, votre Dieu,
Vous rappelle; venez, et montons au
[saint lieu.

4 Relève ton courage, ô Sion désolée!
Par le Dieu tout puissant tu seras conso-
[lée;
Il vient, pour rassembler tes enfants
[bienheureux;
Bientôt tu les verras réunis sous tes
[yeux.

5 Les peuples connaîtront que l'Eternel
[lui-même
A délivré Jacob par son pouvoir suprê-
[me.
Oui, Sion, ton Dieu règne, et tous tes
[ennemis
Dans peu de jours seront confondus et
[soumis.
Félix Neff.

215

1 Non, ce monde n'est pas
Notre patrie.
La joie est ici-bas
Trop tôt flétrie.
C'est la terre des pleurs,
Des chutes, des douleurs :
Elle doit être ailleurs,
Notre patrie!

2 Comme un torrent d'été
Coule ma vie,
Mais je suis emporté
Vers la patrie!

Conduit par le Dieu fort,
J'avance vers la mort :
Elle sera le port
De la patrie!

3 Sans crainte, désormais,
Quoique meurtrie,
Mon âme marche en paix
Vers la patrie.
Et lorsque je suis las,
Une voix dit tout bas :
« Courage, encore un pas
Vers la patrie!

4 Auprès de ton Sauveur,
Ame ravie,
Tu verras le bonheur
Et la patrie!
Paix, amour, liberté,
Joie, immortalité,
Dans la sainte cité,
Dans la patrie! »
R. S.

216

1 Non, ce n'est pas mourir que d'aller vers
Et que de dire adieu   [son Dieu,
A cette sombre terre,
Pour entrer au séjour de la pure lu-
[mière.

2 Non, ce n'est pas mourir que de monter
Au repos éternel,   [au ciel.
A la gloire ineffable,   [rissable!
Après tous les combats d'un monde pé-

3 Non, ce n'est pas mourir que d'adorer
Au milieu des élus   [Jésus
Célébrant sa victoire,   [gloire!
Et d'être couronné d'allégresse et de

4 Non, ce n'est pas mourir! Trésors de vé-
D'amour, de sainteté,   [rité,
O sources de la vie!   [vie.
Vous jaillirez sans fin pour mon âme ra-
C. Malan.

217

1 Non, rien en ma personne
N'est digne d'être aimé,
Ce que Jésus me donne
Peut seul être estimé.
Jésus est ma justice,
Ma gloire, mon appui;
Il m'aime, il m'est propice,
Et je puis tout par Lui.

5

2 Nul ne peut à mon âme
Disputer son bonheur;
De l'enfer, de sa flamme,
Je ne sens nulle peur.
Le Seigneur, juste Juge,
Est mon plus tendre ami;
Son cœur est le refuge,
Où je fuis l'ennemi.

3 Oui, malgré la tempête,
Jésus, à qui je suis,
Toujours sous sa houlette,
Gardera sa brebis.
Dussè-je pour mon Maître
Perdre tout ici-bas.
A lui seul je veux être,
Je ne le quitte pas.
GEHRARDT.

218

1 Nous mourrons, mais pour renaître;
La mort n'est qu'un doux sommeil,
Bientôt Jésus va paraître :
Ce sera le grand réveil!
Des profondeurs de l'abîme,
De la tombe, noir séjour,
De la plaine et de la cime
Tous se lèveront un jour!

2 Tu pleures, ô tendre mère;
Tu vis ton enfant mourir,
Ta douce fleur éphémère,
Un souffle a su la flétrir...
Mais si ta douleur est vive,
Crois, espère au Dieu d'amour :
Ta fleur vit, il la cultive,
Il veut te la rendre un jour!

3 Nous mourrons, mais pour renaître,
Et, quittant le froid tombeau,
Nous saluerons notre Maître
Au seuil d'un monde nouveau,
La mort, délaissant sa proie,
Fuira devant son retour,
Et de l'éternelle joie,
Pour nous brillera le jour!
R. S.

219

1 Nous sommes au Seigneur, et non point
[à nous-mêmes,
Pour la vie et la mort nous sommes au
[Seigneur,
C'est pour l'éternité, Jésus, que tu nous
[aimes;
Ta croix nous a rendu la paix et le bon-
[heur.

2 Nous sommes au Seigneur. Ah! vivons
[pour sa gloire,
Et mourons au péché, saints héritiers du
[ciel.
Saisissons chaque jour les fruits de sa
[victoire,
Et reposons en paix dans son sein pa-
[ternel.

3 Nous sommes au Seigneur. Que nos
[âmes te louent,
Que nos lèvres aussi bénissent ton amour!
O Jésus, mes tiédeurs souvent te désa-
[vouent;
Je voudrais être à toi, mais à toi sans
[retour.

4 Nous sommes au Seigneur. Au fort de la
[détresse,
Le cœur de ses enfants peut s'assurer en
[Lui;
A l'heure du combat, au jour de la tris-
[tesse,
Partout sur mon sentier son amour a re-
[lui.

5 Nous sommes au Seigneur! dans la som-
[bre vallée,
Du dernier ennemi Jésus me rend vain-
[queur;
La face de mon Dieu ne peut m'être voi-
[lée,
Car pour l'éternité nous sommes au Sei-
[gneur!
Cantique du Réveil.

220

1 Nous voguons vers un beau rivage
Que Jésus nous prépara;
Nous ne craignons aucun naufrage,
Sa grâce nous conduira.

Ch. : Viens avec nous, la voile est prête;
Frère, viens, que rien ne t'arrête;
Plus d'ouragan, de tempête)
Au séjour du Dieu d'amour.) *(bis)*

2 Pour notre céleste patrie,
Voici l'heure du départ;
A venir Jésus te convie,
Demain il serait trop tard.　　*Ch.*

3 Sur cette rive hospitalière
Dieu réunit ses enfants;
Après les luttes de la terre,
Nous irons grossir leurs rangs.　　*Ch.*

4 Devant nous, de la cité sainte,
  Bientôt va s'ouvrir le port;
  De nos cœurs bannissant la crainte,
  Chantons dans un saint transport : *Ch.*

P. VESSON.

221

1 Obscur et pauvre au monde présenté,
  Nous le voyons sans éclat, sans beauté.
  Ce Roi des rois, ce Fils du Père,
  Vit ici-bas dans la misère...
  Il s'est chargé de toutes nos langueurs,
  Et sur la croix a porté nos douleurs. (*bis*)

2 « Mon Dieu, mon Dieu! pourquoi m'as-
                              [tu laissé? »
  Tel est le cri de son cœur angoissé.
  Puis, Seigneur, il baisse la tête,
  Et ta justice est satisfaite...
  Il s'est chargé de toutes nos langueurs,
  Et sur la croix a porté nos douleurs. (*bis*)

3 Seigneur Jésus, que nous avons percé,
  Dans notre cœur par la foi sois placé;
  Car ta mort, qui nous justifie,
  Par la foi devient notre vie.
  Il s'est chargé de toutes nos langueurs,
  Et sur la croix a porté nos douleurs. (*bis*)

RECORDON.

222

1 O Christ, éternel Rocher,
  Je viens en toi me cacher!
  De ton cœur percé coulèrent
  L'eau, le sang qui régénèrent :
  Que par ce flot rédempteur
  Du péché je sois vainqueur!

2 Tous les travaux de mes mains
  Pour te plaire seraient vains.
  Lors même qu'en ma détresse,
  Mes pleurs couleraient sans cesse,
  Ils ne sauraient me laver :
  Toi seul peux et veux sauver!

3 Seigneur, je n'apporte rien,
  Ta croix seule est mon soutien.
  Je viens à toi sans ressource;
  Souillé, je viens à la source
  Ouverte pour les pécheurs :
  Ah! Rends-moi pur, ou je meurs!

4 Tant que je respire encor;
  Quand pour moi viendra la mort;

Lorsque je devrai paraître
Devant mon Juge et mon Maître,
O Christ, éternel Rocher,
Je veux en toi me cacher!

R. S

223

1 O Christ, j'ai vu ton agonie,
  Et mon âme a frémi d'horreur.
  Oui, tu viens de perdre la vie,
  Et c'est pour moi, pauvre pécheur.

2 A ta mort, la nature entière
  Se répand en cris de douleur,
  Le soleil cache sa lumière,
  Les élus pleurent leur Sauveur.

3 Que ta mort, ô sainte Victime,
  Soit toujours présente à nos yeux!
  Ton sang peut seul laver le crime;
  Seul il peut nous ouvrir les cieux.

4 O Christ, ta charité profonde
  Touche et pénètre notre cœur;
  Tu meurs pour les péchés du monde;
  Toi seul es notre Dieu Sauveur!

BASTIE.

224

1 O Christ! Quelle immense douleur,
    Quelle angoisse t'accable!
  Quel poids de honte et de malheur
    Sur ta tête adorable!...
  Toutes mes fautes sont sur toi,
    Tu les portes pour moi!

2 O Christ, que n'as-tu souffert
    Pour expier mon crime!
  Pour mon âme tu t'es offert,
    Innocente victime!
  Et les coups dont tu fus meurtri
    A jamais m'ont guéri.

3 C'est pour toi, frère, qu'Il mourut
    Sur cette croix maudite.
  C'est ton âme qu'Il secourut
    Et c'est toi qu'Il invite.
  Il t'offre avec lui dans le ciel
    Un bonheur éternel.

4 Ses bras sont ouverts aujourd'hui,
    Sa voix t'appelle encore.
  Ton âme est perdue, et c'est Lui,
    O pécheur, qui t'implore.
  Réponds, réponds à son amour,
    Viens à Lui dès ce jour.

E. SAGNOL.

225

1 O cieux, unissez-vous aux transports de
[la terre,
Eglise du Seigneur, renouvelle tes chants;
Et qu'en de saints accents (*bis*)
De tous les cœurs pieux s'élève la prière!

2 Jésus vient de monter au séjour de la
[gloire.
Ses travaux sont finis : son peuple est
[racheté;
Et, ceint de majesté, (*bis*) [victoire.
Il entre aux lieux très-hauts avec cri de

3 A la droite de Dieu sa place est préparée.
Là notre humanité s'assied avec pouvoir.
Oh! qui peut concevoir (*bis*)
Que de cette grandeur elle soit honorée!

4 Tu règnes, ô Jésus, dans la toute-puis-
[sance.
Sur le monde vaincu ton sceptre est sou-
[verain.
L'empire est dans ta main; (*bis*)
Et tu remplis les cieux de ta magnifi-
[cence.

5 En toi, Fils du Très-Haut, réside notre
[vie.
On ne voit point encor ce qu'un jour
[nous serons;
Mais quand nous te verrons, (*bis*)
Tu nous revêtiras d'une gloire infinie.

6 Tournons donc nos pensers vers la sain-
[te demeure
Où Jésus est assis à la droite de Dieu,
Traversons ce bas lieu, (*bis*) [leure,
Pleins du vivant espoir d'une cité meil-
C. MALAN.

226

1 O Dieu de vérité, pour qui seul je sou-
[pire!
Unis mon cœur à toi par de forts et doux
[nœuds.
Je me lasse d'ouïr, je me lasse de lire,
Mais non pas de te dire : } (*bis*)
C'est toi seul que je veux.

2 Parle seul à mon cœur, et qu'aucune
[prudence,
Qu'aucun autre docteur ne m'explique
[tes lois;
Que toute créature, en ta sainte présence,
S'impose le silence, } (*bis*)
Et laisse agir ta voix.

3 Tiens-toi près de mon âme, et dans ma
[solitude,
Viens remplir de ta paix le vide de mon
[cœur.
Dissipe mes ennuis et toute inquiétude.
Et que ma seule étude } (*bis*
Soit de t'aimer, Seigneur!

4 Tu me réponds, mon Dieu! mais encor
[des nuages
Me voilent tes splendeurs, céleste Vérité!
Que ne puis-je bientôt, sur de plus purs
[rivages,
Par delà tous les âges, } (*bis*)
Contempler ta beauté!
P. CORNEILLE.

227

1 O Dieu! toute ma prière
Et mon vœu le plus ardent,
C'est qu'en toi je trouve un Père,
Et que je sois ton enfant.

2 Je sais déjà que la vie
N'est heureuse qu'en ta paix :
Qu'autrement elle est remplie
De fautes et de regrets.

3 Que ta puissance m'attire
A Jésus, notre Sauveur;
C'est à lui que je désire
Donner à jamais mon cœur.

4 Que ton Esprit me remplisse
D'une pure et vive foi,
Et que mon âme obéisse
Seigneur, à ta sainte loi!
C. MALAN.

228

1 O Fils de Dieu, mon Sauveur bien-aimé!
Toi dont la voix au bonheur me convie,
Prends en tes mains les rênes de ma vie,
Repais mon cœur, de ta grâce affamé.

2 O Jésus-Christ, mon Sauveur bien-aimé!
Toi dont les pas ont frayé, sur la terre,
L'étroit sentier qui seul conduit au Père,
Soutiens mon cœur, de ton souffle animé.

3 O Fils de Dieu, mon Sauveur bien-aimé!
Que loin de toi, jamais je ne m'égare;
De ton amour que rien ne me sépare;
Que pour toi seul mon cœur soit enflam-
[mé!
E. CHAVANNES.

229

1 Oh! croyez que Dieu vous donne
    Tout ce qu'il promet,
Un Sauveur qui vous pardonne,
    Un Sauveur parfait,
Un Sauveur plein de puissance
Sur la terre et dans les cieux,
Un Sauveur dont la présence
    Seule rend heureux.

2 Ce Sauveur vous fera vivre
    Comme il a vécu;
Vous pourrez partout le suivre
    Sans être vaincu.
Jusqu'au bout, dans la mêlée,
Son bras vous protégera,
Et dans la sombre vallée
    Il vous conduira.

3 O Jésus, dis-leur toi-même
    Que ta forte main
Fais passer celui qui t'aime
    Par un sûr chemin.
Que tu veux de toute chute
Préserver ton faible enfant,
Pour qu'il sorte de la lutte
    Pur et triomphant.

4 Oui, Seigneur, malgré l'orage,
    Et malgré la nuit,
Nous voulons prendre courage,
    Forts de ton appui,
Et joyeux, pleins d'assurance,
Nous avancer vers le ciel,
    En saluant à l'avance
    Le jour éternel.

A. GLARDON.

230

1 O honte! O mémoire cruelle!
'A Jésus, le Berger fidèle,
Quand il m'appelait par mon nom,
Insensé, j'ai répondu : Non!
De lui j'ai détourné ma face;
J'ai crié : « Pour toi point de place!
De tes bienfaits je ne veux rien :
Laisse-moi tout mon cœur et garde tout le
                        [tien! »

2 Pourtant, il sut trouver mon âme :
Je le vis, sur le bois infâme,
Navré d'opprobre et de douleur,
Priant : « Père, pardonne-leur! »
Et devant sa beauté sanglante,
Je lui dis d'une voix tremblante :
« Sois mon modèle, mon soutien,
Et répands dans mon cœur quelque chose
                        [du tien! »

3 De jour en jour, de grâce en grâce,
Sa clémence que rien ne lasse,
Douce étoile à mon horizon,
Fut ma joie et ma guérison.
A cet Ami, si fort, si tendre,
Ma requête se fit entendre :
« Daigne, ô Christ! me rendre chrétien,
Plus pauvre de mon cœur et plus riche du
                        [tien! »

4 Plus haute que les cieux sublimes,
Plus profonde que les abîmes,
Plus vaste que l'immensité,
Dieu Sauveur, est ta charité!
Je suis vaincu, je rends les armes,
Et baignant tes pieds de mes larmes,
Je soupire après un seul bien :
« Viens m'ôter tout mon cœur, me donner
                        [tout le tien! »

Th. MONOD.

231

1 Oh! quand sera-ce, Fils de Dieu,
    Que ton Eglise émue
Verra son Epoux du saint lieu
    Descendre sur la nue?
Réponds à notre cri, Seigneur,
Et viens bientôt, puissant vainqueur,
    Oh! viens, Seigneur Jésus! (*bis*)

2 Tu nous donnes ta douce paix,
    Nous sentons ta présence,
Tu ne nous laisseras jamais,
    C'est là notre assurance.
Mais quand pourrons-nous donc enfin
Te voir, ô notre Epoux divin?
    Oh! viens, Seigneur Jésus! (*bis*)

3 De tous les ennemis, ô Dieu,
    Nous voyons la puissance :
Que de rebelles en tout lieu,
    De vice et de souffrance!
Viens bientôt, grand triomphateur,
Mettre un terme à tant de douleur.
    Oh! viens, Seigneur Jésus! (*bis*)

4 « Veillez, priez, nous dit Jésus,
    Tenez vos lampes prêtes. »
Que rien ne nous entrave plus,
    Levons, levons nos têtes.
Il vient, il vient, entendez-vous
Ce cri : « Voici, voici, l'Epoux? »
    Tu viens, Seigneur Jésus! (*bis*)

A. HUMBERT.

232

1 Oh! quel beau jour, où, devant ta face,
Tous tes rachetés apparaîtront,
En célébrant ta gloire et ta grâce!
De leurs chants les cieux retentiront.

Chœur :

Nombreux comme le sable des plages! (*bis*)
Oh! que ce sera beau, lorsque nous irons
[là-haut,
Aussi nombreux que le sable des plages!

2 Je la vois, cette armée innombrable,
Ses rangs reflétant l'éclat des cieux,
Tressaillant d'un bonheur ineffable,
Sur le seuil du séjour radieux.   *Ch.*

3 De son trône éclatant de lumière,
J'entends la douce voix du Seigneur :
« Venez, vous bien-aimés de mon Père,
« La couronne est à chaque vainqueur. »
Ch.

4 Puis au sein du vaste océan d'anges
Nos cohortes déversent leurs flots;
L'univers tremble au son des louanges;
Plus de combats, de pleurs, de sanglots.
Ch.

A. Booth-Clibborn.

233

1 Oh! quel bonheur de le connaître,
L'Ami qui ne saurait changer,
De l'avoir ici-bas pour Maître,
Pour défenseur et pour berger!

Chœur :

Chantons, chantons d'un cœur joyeux
Le grand amour du Rédempteur,
Qui vint à nous du haut des cieux
Et nous sauva du destructeur.

2 Dans la misère et l'ignorance,
Nous nous débattions sans espoir,
La mort au cœur, l'âme en souffrance,
Quand à nos yeux il se fit voir.   *Ch.*

3 Il nous apporta la lumière,
La victoire et la liberté;
L'ennemi mordit la poussière,
Pour toujours Satan fut dompté.   *Ch.*

4 Vers l'avenir marchons sans crainte
Et sans souci du lendemain,
Pas à pas, nos pieds dans l'empreinte
De ses pieds sur notre chemin.   *Ch.*

A. Glardon.

234

1 Oh! que ton joug est facile!
Oh! combien j'aime ta loi!
Dieu saint, Dieu de l'Evangile,
Elle est toujours devant moi.
De mes pas c'est la lumière,
C'est le repos de mon cœur;
Mais pour la voir tout entière,
Ouvre mes yeux, bon Sauveur! (*bis*)

2 Non, ta loi n'est point pénible
Pour quiconque est né de toi;
Toute victoire est possible
A qui combat avec foi.
Seigneur! dans ta forteresse
Aucun mal ne m'atteindra;
Si je tremble en ma faiblesse
Ta droite me soutiendra. (*bis*)

3 D'un triste et rude esclavage
Affranchi par Jésus-Christ,
J'ai part à ton héritage,
Au secours de ton Esprit.
Au lieu d'un Maître sévère,
Prêt à juger, à punir,
Je sers le plus tendre Père,
Toujours prêt à me bénir. (*bis*)

4 Dieu qui guides, qui consoles,
J'ai connu que le bonheur
C'est de garder tes paroles,
Et je les serre en mon cœur.
Fais-moi marcher dans ta voie
Et me plaire en tes statuts.
Si je cherche en toi ma joie,
Je ne serai pas confus. (*bis*)

Mme Maison.

235

1 Oh! qu'il est doux d'aimer Dieu comme
[un Père,
D'aller à Lui, sans détour, sans frayeur,
De parcourir sa terrestre carrière
Toujours conduit par l'Esprit du Sei-
[gneur!

2 Oh! qu'il est doux de trouver à toute
[heure
Un tendre Ami, prêt à nous soulager!
D'être en tout lieu, Jésus, dans ta de-
[meure,
Et sur ton sein au plus fort du danger!

3 Oh! qu'il est doux de penser à ta **grâce,**
Dans ma faiblesse et toutes mes lan-
[gueurs.
Et de me dire : « Il s'est mis à ma place,
Comme un agneau, pour porter mes dou-
[leurs! »

4 Oh! qu'il est doux de contempler ta
[gloire,
Seigneur Jésus! et tous les tiens en toi;
D'attendre en paix le jour de ta victoire,
Et de ta main le prix de notre foi!

5 Oh! quel moment, Jésus, devant ton trô-
[ne,
Quand tous les saints, alors glorifiés,
Portant chacun l'immortelle couronne,
. Et t'adorant, la mettront à tes pieds!

6 Dans nos concerts, joints aux concerts
[des anges,
Nous chanterons le cantique nouveau;
Nos harpes d'or, nos voix et nos louan-
[ges
Rendront la gloire et l'honneur à l'Agneau!

Guillaumet.

236

1 Oh! qui soutiendra ma faiblesse,
Dans l'épreuve et dans le danger?
Et qui pourra, dans la détresse,
Me secourir, me diriger?
Qui me donnera dans la vie
Paix, repos, lumière et bonheur?
C'est l'Ami divin que je prie :
C'est toi, Jésus, toi, mon Sauveur.

2 Dieu, dont la douce voix m'appelle,
Dieu, qui m'achetas à grand prix,
Selon ta promesse fidèle
Eclaire et garde ta brebis. .
Donne-moi ta sainte assistance,
Dans tes sentiers guide mes pas :
On repose avec assurance,
Seigneur Jésus, entre tes bras!

Psaumes et cantiques.

237

1 Oh! qui voudra croire cette merveille!
Le ciel s'émeut et l'enfer a frémi.
Dans son tombeau, le Fils de Dieu
[s'éveille :
On le crut mort, il n'était qu'endormi.
La terre tremble et le sépulcre s'ouvre,
Ses profondeurs s'emplissent de clarté.
Et, rejetant le linceul qui le couvre,
S'élève aux cieux le Christ ressuscité!
(bis)

2 Du Séducteur impuissante est la **rage.**
Il avait dit quand Jésus expira :
« L'homme est à moi, j'achève mon ou-
[**vrage,**
Et, désormais, nul ne le détruira! »
Mais son transport fut de courte durée,
Car, de l'abîme où Dieu l'a rejeté,
Il entendit des voix dans l'empyrée
Chanter : Victoire au Christ ressuscité!
(*bis*)

3 O serviteurs de la noble Victime,
Unissons-nous à ces chants glorieux!
Jésus est mort pour laver notre crime,
Il est vivant pour nous ouvrir les cieux.
Dès aujourd'hui, vainqueurs par sa vic-
[toire,
Marchant joyeux vers la sainte cité,
Nous partageons et la honte et la gloire
Du Fils de Dieu mort et ressuscité! (*bis*)

R. S.

238

1 Oh! viens à Moi, ton Sauveur et ton
[Frère,
Je donnerai, pèlerin, à ton cœur,
Tous mes trésors au lieu de ta misère
Et mon repos au sein de ton labeur!

Chœur : Oh! viens à Moi! (*ter*)
    Mon repos est pour toi. (*ter*)

2 La paix pour toi, et plus d'inquiétude!
Tous tes péchés, oh! viens les déposer
Devant la croix, remède à toute chute,
Viens sur mon cœur enfin te reposer!

Chœur : Oh! viens à Moi! (*ter*)
    Ma paix, elle est pour toi. (*ter*)

3 Accours vers Moi, si tu te sens coupable,
Si du péché tu crains le châtiment,
Ne sais-tu pas, vérité redoutable,
Qu'après la mort suivra le jugement?

Chœur : Oh! viens à Moi! (*ter*)
    Mon pardon est pour toi. (*ter*)

4 Elle est pour toi, ma joie impérissable!
Il est pour toi, mon merveilleux amour!
Elle est à toi, la source intarissable
De tous mes biens, si tu viens en ce jour!

Chœur : Oh! viens à Moi! (*ter*)
    Tous mes biens sont pour toi. (*ter*)

A. Pélaz.

239

1 O Jésus, Maître doux et tendre!
  A tes pieds je veux demeurer;
  C'est toi que je veux adorer,
  C'est ta voix que je veux entendre.

2 Nul, parmi les fils de la terre,
  Seigneur, n'a parlé comme toi.
  Du ciel j'ai reconnu le Roi
  En celui qui s'est fait mon frère.

3 Combien ta parole est profonde!
  Le sage ne peut la sonder;
  Mais par elle tu veux guider
  Les pas des simples de ce monde.

4 Il n'est pas de douleur amère
  Que tu ne veuilles partager;
  C'est toi seul qui peux soulager
  Notre angoisse et notre misère.

5 O Jésus, ô divin modèle!
  Je t'aime et je me donne à toi;
  Je veux te servir, ô mon Roi!
  Jusqu'à la fin, d'un cœur fidèle.

E. BERSIER.

240

1 O jour béni, jour de victoire,
  Que je ne saurais oublier!
  J'ai vu, j'ai vu le Roi de gloire
  Apparaissant sur mon sentier!
  Sa beauté, sa gloire infinie
  De tous les côtés m'entourait,
  Son regard qui porte la vie
  Sur ma pauvre âme s'abaissait.

2 Son manteau couvrait ma misère,
  Ses bras me serraient sur son cœur;
  Il me portait dans sa lumière,
  Loin du péché, de la douleur.
  De sa main essuyant mes larmes,
  Il me parlait de son amour :
  « Viens mon enfant, sois sans alarmes,
  « Je te prends à moi sans retour ».

3 Et je suis dans cette retraite
  Dont je ne sortirai jamais;
  Et je goûte une paix parfaite
  Où ma foi s'abreuve à longs traits.
  Non, tout ceci n'est point un rêve,
  Mais la grande réalité :
  C'est un jour nouveau qui se lève
  Et doit durer l'éternité!

4 En avant donc, avec courage,
  Avec espoir, avec bonheur;
  Je me consacre sans partage
  A mon Dieu, mon Roi, mon Sauveur.
  Il dit à mon âme ravie :
  Ne t'occupe plus que de Moi,
  Et je dirigerai ta vie
  Et je m'occuperai de toi.

5 Il a saisi mes mains tremblantes;
  J'ai dit « amen » à ce contrat!
  Il étend ses mains bénissantes,
  C'est en effet Lui qui combat.
  Et les yeux fermés, je m'avance
  Tranquille, sur le droit chemin.
  J'entonne un chant de délivrance;
  Il peut tout, car je ne suis rien!

S. THOMAS.

241

1 O mon âme captive,
  Vers la céleste rive,
Vers ce port que jamais l'orage n'a battu,
  Par delà tous les voiles,
  Par delà les étoiles,   [ras-tu?
Auprès de ton Sauveur quand t'envole-

2 Parfois je crois entendre
  Un accord doux et tendre;
Parfois, au fond des cieux, il me semble
  Les radieux portiques,   [entrevoir
  Et les chœurs angéliques   [voir.
S'ouvrir pour m'inviter et pour me rece-

3 Vision fugitive!
  Ma pauvre âme captive
Loin du ciel, loin de Dieu, pleure et gémit
  Phalanges immortelles,   [encor.
  Oh! prêtez-moi vos ailes,   [essor!
Et que vers mon Sauveur je prenne mon

3 Courage, âme craintive;
  Le jour suprême arrive.
Garde ton espérance et ranime ta foi!
  L'horizon se colore,
  Voici, voici l'aurore,
Et bientôt sur la nue apparaîtra ton Roi!

R. S.

242

1 O mon Dieu! je cherche ta face
  Aux clartés de l'aube du jour;
  Je cherche ta paix et ta grâce,   } (bis)
  Le vrai bonheur dans ton amour. }

2 O mon Dieu! fais luire en mon âme
Le flambeau divin de ta loi.
Oh! gagne mon cœur et l'enflamme } (bis)
D'une vivante et sainte foi.

3 O mon Dieu! bénis mes pensées,
Mes paroles et mes travaux;
Qu'après mes terrestres journées, } (bis)
En toi je trouve un doux repos! }

Recueil des Ecoles du Dimanche.

243   *(Psaume 3)*

1 O mon Dieu, mon Sauveur!
Ta céleste faveur
Fut toujours mon partage;
Plus le mal est pressant,
Plus ton secours puissant
Relève mon courage.
Toujours quand j'ai prié,
Toujours quand j'ai crié,
Dieu, touché de ma plainte,
Loin de me repousser,
A daigné m'exaucer
De sa montagne sainte.

2 Je me couche sans peur,
Je m'endors sans frayeur,
Sans crainte je m'éveille;
Dieu qui soutient ma foi,
Est toujours près de moi
Et jamais ne sommeille.
Non, je ne craindrais pas,
Quand j'aurais sur les bras
Une nombreuse armée;
Dieu me délivrerait,
Quand même on la verrait
Autour de moi campée.

3 Viens donc, mon Dieu, mon Roi,
Te déclarer pour moi,
Dans le mal qui me presse :
Romps leur injuste effort,
Quand, d'un commun accord,
Ils m'insultent sans cesse.
O Seigneur éternel!
Ton amour paternel
Est seul notre défense;
Tu nous donnes des cieux
Les trésors précieux
De ta munificence.

244

1 O mon Sauveur! à toi seul je veux être,
Viens pour toujours habiter dans mon
[cœur;

Brise l'idole, et de ce cœur sois maître;
Rends-moi plus blanc que la neige, Sei-
[gneur!

Refrain :

Oui, par ton sang lave mon cœur, [gneur!
Rends-moi plus blanc que la neige, ô Sei-

2 En moi, Jésus, ne laisse aucune place
Où le péché se glisse en interdit.
Agneau de Dieu, que ton sang pur efface
Ce qui me vient de son pouvoir maudit.
Ref.

3 Par ton Esprit, de ton trône de gloire,
Tu viens en moi, misérable pécheur,
Pour remporter la complète victoire
Et nettoyer entièrement mon cœur. *Ref.*

4 Tu vois, Seigneur, j'attends, plein d'es-
[pérance.
Près de la croix où ton sang fut versé;
Là, j'ai reçu la nouvelle naissance,
Là, mon soupir fut toujours exaucé. *Ref.*

5 Alléluia! ton image divine
En moi, Seigneur, apparaît par la foi.
Béni sois-tu! de ma sainte origine
J'ai pour toujours tous les titres en toi.

Refrain :

Et par ton sang, mon pauvre cœur [gneur!
Devient plus blanc que la neige, ô Sei-

N. Coulin.

245

1 O mon Sauveur, ô source intarissable
De tout vrai bien, de douceur, de bonté!
Tu réunis dans ton être adorable
Tous les trésors de la Divinité!

2 Seigneur Jésus, sois à jamais ma gloire;
Sois mon amour, ma joie et ma douceur;
Sois mon rempart, ma force, ma victoire,
Ma paix, mon bien, ma vie et mon bon-
[heur.

3 Sois à jamais toute mon espérance;
Sois mon secours, mon guide, mon Sau-
[veur;
Sois mon trésor, ma fin, ma récompense;
Mon seul partage et le tout de mon cœur.

Cantiques chrétiens.

246

1 On frappe... on frappe... entends-tu?
Passant, qui donc cherches-tu?
Pourquoi, voyageur étrange,
A ma porte es-tu venu?
N'es-tu pas quelque saint ange
Sur la terre descendu?

2 — C'est moi, c'est moi, ton Sauveur;
Je veux entrer dans ton cœur.
Pourquoi me laisser attendre?
Ouvre, c'est un bienfaiteur
Qui chez toi s'offre à répandre
Tous les trésors du bonheur.

3 —Vraiment! vraiment! c'est sa voix!
C'est lui! c'est lui! je le vois.
Oh! ta grâce est la plus forte,
Mon Sauveur, je te reçois!
Je ne puis fermer la porte
Quand tu me montres la croix!

R. S.

247

1 On raconte qu'aux jours bien éloignés
Où Jésus vivait sur la terre, [de nous,
On le voyait souvent prendre sur ses ge-
[noux
Les enfants conduits par leur mère.
Sur leur tête où sa main se posait pour
Il penchait sa face attendrie; [bénir,
Bon Berger! il disait : « Laissez, laissez
Les agneaux dans ma bergerie ». [venir

2 Comme aux jours d'autrefois je ne puis
[l'approcher,
Mais voici ce qui me console :
Lui, du haut de son ciel, peut encor me
Et me bénir par sa parole. [toucher,
Je puis chaque matin le prier à genoux;
Je puis lui demander sa grâce;
Et je sais qu'en un jour qui n'est pas
[loin de nous,
Je pourrai le voir face à face.

3 Je sais que vers son trône accourent cha-
[que jour
Des enfants venus de la terre;
Et tandis que son cœur les presse avec
Son regard console leur mère, [amour,
Je ne veux pas mourir, puisque même
[ici-bas
Je puis lui parler et l'entendre ;
Mais, si la mort venait, je ne tremblerais
[pas,
Car c'est lui qui viendrait me prendre!

4 Mais que d'enfants, Seigneur, ne savent
[pas ton nom,
Ne savent pas ton sacrifice!
Pourtant tu ne veux pas, ô Sauveur jus-
[te et bon,
Qu'aucun de ces enfants périsse.
Je veux vivre, ô Jésus, pour te les ame-
Pour leur dire que tu les aimes, [ner,
Et que c'est aux petits qu'au ciel tu
[veux donner
Les plus beaux de tes diadèmes!

R. S.

248

1 O poussière de la terre!
O souffrante humanité!
O monde perdu, le Père
Par amour t'a visité!
    Bénissons Dieu! (ter)
Avec son peuple, en tout lieu!

2 Résonnez, chants d'allégresse,
Le Messie est descendu!
Jéhova tient sa promesse :
Il donne au monde Jésus!
    Gloire au Sauveur (ter)
Au puissant triomphateur!

3 Cœur blessé, pécheur coupable,
Le voici, ton Bienfaiteur!
De ton passé méprisable
Il est le réparateur.
    Gloire à son nom! (ter)
A son merveilleux pardon!

4 Vous, étoiles sans rivales,
Acclamez ce roi de Paix!
Ouvrez-vous, portes royales,
Car Il sort de son palais!
    Oh! quel amour! (ter)
Sur la terre il vint un jour!

5 Sonnez, sonnez l'Evangile,
Trompettes, sonnez encor!
Enfant, joins ta voix débile
A la voix de l'homme fort!
    Loué soit Dieu (ter)
Parmi son peuple en tout lieu!

A. PÉLAZ.

249

1 O Seigneur Eternel! une nouvelle année
Par ta grande bonté nous est encor don-
[née :
Ah! donne-nous aussi d'y vivre par la foi,
Et de la consacrer uniquement à toi.

2 Que ce soit pour nous tous l'an de la
[bienveillance,
Que ce soit l'an de grâce et de la déli-
[vrance!
Que notre âme, docile à ta puissante voix,
Jésus, trouve la paix à l'ombre de ta
[croix!

3 Nos jours sont en tes mains, notre course est bornée,
Et plusieurs sont entrés dans leur der-
[nière année :
Veillons donc et prions, et s'il faut dé-
[loger,
Nous irons, pleins de joie, auprès du
[bon Berger.

RECORDON.

250

1 O Seigneur, ô Sauveur, que nos lèvres te
[louent,
Mais qu'avec nos accents nos œuvres
[soient d'accord!
Si, par nos actions, nos cœurs te désa-
[vouent,
Dans nos chants les plus beaux, tout est
[vain, tout est mort. (bis)

2 Tu naquis pour servir, et servir fut ta
[gloire;
Servir est à jamais le sceau de tes en-
[fants.
Qui fait peu t'aime peu; qui se borne à
[te croire,
Ne te croit point encor, ô Sauveur des
croyants. (bis)

3 Mourut-il avec Christ au rocher du Cal-
[vaire,
L'amour pieux et tendre, asile du mal-
[heur?
Non, l'amour y naquit, et dès lors sur la
[terre,
Comme on cherche un trésor, il cherche
[la douleur. (bis)

4 Que de maux, de périls et de besoins
[m'appellent!
Que de frères, d'amis, Dieu jette dans
[mes bras!
Que d'œuvres à fonder, que d'œuvres qui
[chancellent...
Travaillons : le loisir n'appartient qu'aux
[ingrats.

A. VINET.

251

O toi qui donnes la vie,
A tes pieds je viens m'asseoir,
Comme s'asseyait Marie | (bis)
A l'heure douce du soir.

Mon être entier te réclame,
Tout n'est que faiblesse en moi.
Viens te pencher sur mon âme; | (bis)
Elle a tant besoin de toi!

Maître, à tes pieds je m'incline,
Je t'appartiens sans retour,
Verse en moi ta paix divine, | (bis)
Répands en moi ton amour!

M. PERRENOUD.

252

1 O toi qui fus fondée
Sur l'immortalité,
Par Dieu même gardée,
Glorieuse cité,
Ma voix, mon cœur palpitent
D'espérance et d'effroi...
Heureux ceux qui t'habitent
Demeure du grand Roi!

2 Oui, quand je te contemple,
O céleste séjour,
Toi dont Christ est le temple,
Toi dont Christ est le jour,
L'espoir, l'espoir m'anime;
Déjà mes sens ravis
Goûtent la paix sublime
Au sein de tes parvis.

3 Parfois aussi, la crainte
Vient obscurcir ma foi.
N'es-tu pas, cité sainte,
Trop sainte, hélas, pour moi?...
Alors, sous tes portiques,
Vibrant jusqu'à mon cœur,
J'entends de doux cantiques
Louer le Christ vainqueur!

4 C'est la noble cohorte
Des martyrs de l'Agneau :
Leur voix est toujours forte,
Leur chant, toujours nouveau.
Plus de pleurs, plus de trace
Des maux dont nous souffrons :
Seul, le sceau de la grâce
Rayonne sur leurs fronts!

5 Séjour où Dieu m'invite,
Je ne sais pas encor
Quelle splendeur s'abrite
Dans tes murailles d'or :
J'ignore, mais j'espère.
J'ignore, mais je sais
Que là-haut est mon Père,
Et pour moi, c'est assez !

R. S.

253

1 Où cherchez-vous le bonheur
Dans ce monde où tout passe ?
Avez-vous en votre cœur
Pour Jésus une place ?
A votre porte il se tient ;
Sans se lasser il revient...
Pour Jésus, votre Sauveur,
N'avez-vous point de place ?

Chœur : N'avez-vous point de place ? (*bis*)
Pour Jésus votre Sauveur
N'avez-vous point de place ?

2 S'il a souffert, c'est pour vous,
Oh ! merveilleuse grâce !
Lorsqu'il luttait à genoux,
Dieu lui voilant sa face.
Ah ! de sa sublime croix
N'entendez-vous pas la voix
Qui vous dit : Pauvre pécheur,
N'as-tu donc pas de place ?

Chœur : N'avez-vous pas de place ? (*bis*)
Ah ! pour l'homme de douleur
N'avez-vous pas de place ?

3 Si le monde a votre cœur,
Croyez-vous donc qu'il fasse
Jusqu'au bout votre bonheur ?
Vous savez que tout passe.
Oh ! pendant qu'il en est temps,
Ecoutez les doux accents
De la voix du grand Vainqueur
Et faites-lui donc place !

Chœur : N'avez-vous point de place ? (*bis*)
Pour Jésus le grand vainqueur,
N'avez-vous point de place ?

Ch. ROCHEDIEU.

254

1 Oui, je bénirai Dieu tout le temps de ma
Les justes l'entendront ;   [vie :
Des glorieux transports de mon âme ra-
Ils se réjouiront ! (*bis*)   [vie

2 Chrétiens, magnifions et louons tous en-
Le beau nom du Sauveur !   [ensemble
Ses élus à leurs cris sous son aile il ras-
Et chasse leur frayeur. (*bis*)   [semble,

3 Dès qu'on l'a regardé, dans sa vive lu-
On renaît à l'espoir ;   [mière,
Cet affligé criait, Jésus, à sa prière,
Lui montra son pouvoir. (*bis*)

4 L'ange de l'Eternel se campe avec puis-
Autour de ses enfants.   [sance
Il les garde et soutient, il est leur déli-
[vrance
Dans leurs dangers pressants. (*bis*)

5 Quand l'enfant du Seigneur à son Père
Dieu l'exauce à l'instant.   [s'adresse,
Et par un prompt secours fait cesser la
De ce cœur repentant. (*bis*)   [tristesse

6 Le fidèle ici-bas a des maux en grand
Mais le Consolateur,   [nombre,
De son cœur alarmé dissipe la nuit som-
Et guérit sa douleur. (*bis*)   [bre,

7 Venez et savourez, sous son paisible em-
Sa fidèle bonté.   [pire,
Oh ! que l'homme est heureux qui vers
En sa calamité ! (*bis*)   [Dieu se retire

C. MALAN.

255

1 Oui, je veux te bénir et chanter ta clé-
[mence !
Hélas ! Seigneur, je t'avais irrité ;
Mais tu m'as d'un regard rendu la bien-
[veillance,
En me lavant de mon iniquité. (*bis*)

2 Le Dieu fort est ma paix, il est ma déli-
[vrance ;
De mon esprit il bannit la frayeur :
Je veux donc en lui seul mettre ma con-
[fiance
Et donner gloire à mon libérateur. (*bis*)

3 Venez, enfants de Dieu ! puisez, pleins
[d'allégresse,
L'eau du salut à la source des eaux ;
Racontez les bienfaits, proclamez la pro-
[messe
De l'Eternel qui guérit tous vos maux.
(*bis*)

4 Nous te célébrerons, Seigneur, dans nos
[cantiques,
Nous qui savons jusqu'où va ton amour.
Tu fais pour tes enfants des choses ma-
[gnifiques;
Nous bénirons ton saint nom chaque
[jour. (*bis*)

5 Gloire au Dieu trois fois saint, que
[l'Eglise révère!
Oui, gloire au Père, au Fils, au Saint-
[Esprit!
Gloire à toi, cher Sauveur, dans les
[cieux, sur la terre!
Gloire à jamais, gloire à toi Jésus-
[Christ! (*bis*)

F. DUMONT.

256

1 Oui, pour son peuple Jésus prie!
Prêtons l'oreille à ses soupirs;
Qu'à sa voix notre âme attendrie
Réponde par de saints désirs.
Dans les hauts lieux, brillant de gloire,
Il est entré victorieux,
Et sur l'autel expiatoire
Il offre son sang précieux.

2 Oui, pour nos âmes Jésus prie!
Dans cet instant, ô charité,
Il plaide, il intercède, il crie,
Pour nous qui l'avons contristé.
A son enfant auprès du Père,
Son cœur obtient un doux pardon,
Et pour l'aider dans sa misère,
Sa voix réclame un nouveau don.

3 Oui, pour les tiens, Jésus, tu pries;
Qu'il nous est doux de le savoir!
Ainsi, Seigneur, tu nous convies
A mettre en toi tout notre espoir.
Sous le parfum de ta prière,
Fais-nous marcher, remplis d'ardeur.
Pour te bénir, notre âme entière
S'élève à toi, puissant Sauveur!

G. CLOTTU.

257

1 Oui, selon ta promesse,
O Jésus mon Sauveur,
J'ai trouvé l'allégresse
Auprès de la douleur,
Le rayon qui rassure
Dans la plus sombre nuit,
Un baume à la blessure, | *bis*)
Dans l'épreuve un appui. |

2 Dans le désert aride,
Et sous un ciel brûlant,
Une eau fraîche et limpide
Du rocher jaillissant,
L'ombre de la nuée
Abritant le chemin,
La céleste rosée | (*bis*)
Qui remplace le pain. |

3 Jésus, mon Roi, mon Maître,
N'es-tu pas tout pour moi?
La source de mon être,
Le rocher de ma foi,
Le soleil qui m'éclaire,
Le ciel qui me sourit,
L'eau qui me désaltère, | (*bis*)
Le pain qui me nourrit. |

A. GLARDON.

258

1 Oui, ton amour est un amour sublime :
Il est plus haut que la plus haute cime
Et que l'azur insondable des cieux.
Comment pourrais-je, ô Dieu! vers cet
Lever les yeux?   [abime

2 Pourtant, Seigneur, si je ne puis com-
[prendre,
Ah! que, du moins, ma voix se fasse en-
[tendre,
Et que mon cœur, par l'amour soulevé,
Chante aujourd'hui l'amour puissant et
Qui m'a sauvé!   [tendre

3 Les séraphins, devant cette clémence
Que rien ne borne et que rien ne com-
[mence,
Courbent leur front par leurs ailes voilé...
Et c'est pour moi que cet amour immense
S'est révélé!

4 Oh! quel amour! Il m'entoure, il m'inon-
[de;
C'est sur une mer calme, pure, profonde,
Et sur ses bords est assise ma foi.
Vaste océan, que murmure ton onde?
« Pour toi, pour toi! »

5 Oui, c'est pour moi, je le crois et j'adore,
O Christ Sauveur! Qu'il retentisse encore,
Ce mot divin, ce mot de ton amour!
Redis-le-moi jusqu'à la douce aurore
De ton retour.

6 Et quand luira cette aurore bénie,
Quand, à Jésus plus tendrement unie,
Mon âme, enfin, mon âme le verra,
   D'elle vers lui ma louange infinie
     S'élèvera!

                R. S.

259

1 Où trouver une retraite,
  Où trouver un sûr abri,
  Quand, du sein de la tempête,
  Dieu me parle au Sinaï?
  — Vois la mort que j'ai soufferte
  Pour devenir ton Sauveur;
  Entre par la plaie ouverte,
  Et cache-toi dans mon cœur!

2 Quelle cité de refuge
  S'offre pour l'homme perdu,
  Quand, fuyant devant son Juge,
  Il tremble et pleure, éperdu?
  — Vers moi sans repos ni trève,
  Accours, c'est ton seul espoir!
  Mon cœur, qu'a percé le glaive,
  S'ouvre pour te recevoir.

3 Quand il faudra rendre compte,
  O Dieu! qui t'affrontera?
  Où cacherai-je ma honte,
  Qnand ton œil me sondera?
  — Si tu veux fuir ma colère,
  Cache-toi dans mon amour!
  Approche-toi du Calvaire,
  Et ne crains plus le grand Jour.

4 Mais mes fautes, plus nombreuses
  Que le sable au bord des mers,
  Rendent mes nuits trop affreuses
  Et mes regrets trop amers!
  — Pauvre âme, sois rassurée!
  Mon sang, à flots épanché,
  Couvre, comme une marée,
  Le sable de ton péché.

5 A son banquet misérable
  Le monde m'appelle en vain.
  Oh! fais-moi place à ta table,
  Et donne-moi de ton pain!
  — Prends! Je suis le pain de vie.
  Prends ta place à ce festin
  Où Dieu même te convie,
  Et qui n'aura point de fin.

             AMBRESIN.

260
      (*Voyez n° 188*)

261

1 O vous qui n'avez pas la paix
  Venez, Jésus la donne,
  Pure, profonde, et pour jamais,
  Venez, Jésus pardonne.
  Quand Jésus remplit un cœur,
  Il déborde de bonheur,
  Et l'effroi ne l'atteint plus,
  Gloire, gloire à Jésus!

2 Vous qui tombez à chaque pas,
  Venez, Jésus délivre;
  Celui qui se jette en ses bras
  Peut à toujours le suivre.
  Quand Jésus remplit un cœur,
  Il déborde de bonheur,
  Car il ne chancelle plus,
  Gloire, gloire à Jésus!

3 Vous qui tremblez sous la terreur
  Que la mort vous inspire,
  Venez, votre Libérateur
  A détruit son empire.
  Avec lui nous revivrons,
  Avec lui nous règnerons,
  Et la mort ne sera plus,
  Gloire, gloire à Jésus!

         Mlle N. COULIN.

262

1 Paix, paix parfaite en Jésus le Sauveur,
Parfaite paix, même pour moi, pécheur!

2 Paix, paix parfaite! où sont tous mes
                 [péchés?...
Le sang de Christ les a tous effacés!

3 Paix, paix parfaite! Au fort de ma dou-
                 [leur
L'amour de Christ met la joie en mon
                 [cœur!

4 Paix, paix parfaite en face de la mort,
Car mon Sauveur est maître de mon sort.

5 Paix, paix parfaite! En Christ, ô doux
                 [espoir!
Le triste « adieu » se change en « au re-
                 [voir! »

6 Paix, paix parfaite en notre Emmanuel,
Paix sur la terre et gloire dans le ciel!

         Helen GIBSON.

263

1 Par tous les saints glorifié,
  Jésus inspire leurs louanges,
  Plus belles que le chant des anges :
    Gloire à l'Agneau (*ter*) sacrifié!

2 C'est par Lui qu'est justifié
  Tout pécheur qui demande grâce.
  Prêtres et rois devant sa face,
    Chantons l'Agneau (*ter*) sacrifié!

3 Par le Père magnifié,
  Tout l'univers lui rend hommage.
  L'Agneau règnera d'âge en âge,
    Gloire à l'Agneau (*ter*) sacrifié!

4 Par son Esprit vivifié,
  Je veux, jusqu'à ma dernière heure,
  Chanter l'amour qui seul demeure :
    Gloire à l'Agneau (*ter*) sacrifié!

5 Pour nous il fut crucifié;
  Son sang a racheté notre âme;
  C'est pourquoi notre amour l'acclame :
    Gloire à l'Agneau (*ter*) sacrifié!
  R. S.

264

1 Petits enfants, quelqu'un nous aime
    Par delà le ciel bleu;
  Son amour est toujours le même,
    Car c'est le Fils de Dieu.
  Personne ici-bas qui ne meure;
    Tout, un jour, doit passer,
  Mais l'Ami céleste demeure
    Et peut tout remplacer.

Chœur : Et peut tout remplacer, (*bis*)
    Mais l'Ami céleste demeure
    Et peut tout remplacer.

2 Petits enfants, qu'elles sont belles
    Par delà le ciel bleu
  Ces phalanges aux blanches ailes
    Qui chantent devant Dieu!
  A leur chant nous joindrons le nôtre;
    Un jour nous volerons,
  Portant, d'un bout du ciel à l'autre,
    Sa gloire sur nos fronts!   *Ch.*

3 Petits enfants, qui donc nous donne
    Par delà le ciel bleu
  La robe blanche et la couronne?...
    — Jésus, le Fils de Dieu!
  Il dépouilla ces biens suprêmes
    Pour nous les apporter;
  Par sa mort, les enfants eux-mêmes
    Peuvent en hériter!   *Ch.*
  R. S.

265

1 Parais, étoile du matin,
    Et répands tes flammes.
  Chasse la nuit! D'un jour serein
    Viens éclairer nos âmes. (*bis*)
Ch. :   Etoile céleste! (*bis*)
    Brillante étoile, étoile du matin!

2 Jésus, étoile de la foi,
    Ouvre-nous la voie.
  Elève nos cœurs jusqu'à toi,
    Et remplis-les de joie. (*bis*)   *Ch.*

3 Brille, astre de l'amour divin!
    Verse en nous ta vie,
  En attendant le beau matin
    Auquel Dieu nous convie. (*bis*)   *Ch.*
  Cantiques du Réveil.

266

1 Par ce chemin solitaire,
  Voyageurs, où courez-vous?
  Vers une nouvelle terre,
  Que Dieu prépara pour nous.
  Par delà plaines et cimes
  Vers ces demeures sublimes
  Vers ces demeures sublimes } (*bis*)
  Amis, venez avec nous!

2 Dans cette terre nouvelle,
  Voyageurs, qu'espérez-vous?
  Une couronne immortelle
  Que Christ mérita pour nous.
  Là, toujours en sa présence,
  Plus de larmes, de souffrance,
  Plus de larmes, de souffrance, } (*bis*)
  Amis, venez avec nous!

3 Bien faible est votre cortège;
  Quels dangers affrontez-vous?
  Le Tout-Puissant nous protège
  Et son Ange est avec nous.
  L'Eternel est notre égide;
  Nous avons Jésus pour guide,
  Nous avons Jésus pour guide, } (*bis*)
  Amis, venez avec nous!

4 Trouverons-nous de la place?
  Ce bonheur est-il pour nous?
  Venez! en ce jour de grâce,
  Le ciel est ouvert pour tous.
  A la source de la vie
  Dieu lui-même vous convie,
  Dieu lui-même vous convie, } (*bis*)
  Amis, venez avec nous!
  R. S.

267

1 Par la flamme et la nuée
  Guide-moi dans le chemin !
  A mon âme exténuée
  Daigne, ô Dieu ! tendre la main.
      Pain de vie
      Rassasie
  L'exilé qui meurt de faim.

2 Comme une onde salutaire,
  Que ta grâce coule à flots,
  Que mon cœur s'y désaltère,
  Et, trouvant le vrai repos,
      Qu'il te suive
      Sur la rive
  Où tu mènes les troupeaux.

3 Et, s'il faut que je descende
  Dans le fleuve de la mort,
  Dieu-Sauveur, que je t'entende
  M'appeler sur l'autre bord !
      O Lumière
      Du Calvaire
  Tu me conduiras au port !

R. S.

268

1 Parle, parle, Seigneur, ton serviteur
        [écoute ;
  Je dis ton serviteur, car enfin je le suis ;
  Je le suis, je veux l'être et mar-⎞
        [cher dans ta route ⎰ (bis)
  Et les jours et les nuits.

2 Remplis-moi d'un Esprit qui me fasse
        [comprendre
  Ce qu'ordonnent de moi tes saintes vo-
        [lontés,
  Et réduis mes désirs au seul désir ⎞
        [d'entendre ⎰ (bis)
  Tes hautes vérités.

3 Parle, parle, ô mon Dieu ! ton serviteur
        [fidèle
  Pour écouter ta voix réunit tous ses sens
  Et trouve les douceurs de la vie ⎞
        [éternelle ⎰ (bis)
  En tes divins accents.

4 Parle pour consoler mon âme inquiétée ;
  Parle pour la conduire à quelque amen-
        [dement ;
  Parle, afin que ta gloire, ainsi ⎞
        [plus exaltée, ⎰ (bis)
  Croisse éternellement !

P. CORNEILLE.

269

1 « Passez jusques à nous, venez briser
        [nos chaînes ! »
  C'est le cri des païens, delà les mers
        [lointaines.
  C'est le cri que saint Paul entendait re-
        [tentir :
  « Satan nous asservit, venez nous secou-
        [rir ! »

Chœur :

  Ils viendront des deux hémisphères,
  Ils viendront du Midi, du Nord,
  Ceux pour lesquels le Christ est mort,
  Et, délivrés de leurs misères,
  Ils auront des fêtes au ciel, ⎞
  Les rachetés de l'Eternel ! ⎰ (bis)

2 Chrétiens de tous pays, n'oubliez pas vos
        [frères !
  Allez ! ils sont perdus, il leur faut vos
        [prières.
  Ils ne connaissent pas leur grand Libé-
        [rateur ;
  Allez leur annoncer l'amour de leur Sau-
        [veur ! Ch.

3 Les pas des messagers qui vont porter la
        [vie
  Plaisent à l'Eternel, et leur voie est bé-
        [nie ;
  Portez à ceux qui sont dans la mort,
        [dans la nuit,
  Jésus, lumière et vie à qui regarde à
        [Lui ! Ch.

4 Allez ! pour bouclier dans cette guerre
        [sainte
  Vous aurez le Seigneur. Allez ! partez
        [sans crainte,
  Car vous serez vainqueurs par le Christ
        [et sa croix,
  Par le Ressuscité, le puissant Roi des
        [rois ! Ch.

Mme V. GAUTIER.

270

1 Pécheur, je voudrais te guérir ;
  J'ai vu tes larmes, ta souffrance ;
  Mais pour avoir la délivrance,
  Il faut apprendre à m'obéir.
  Voici, je me tiens à la porte,
  Je suis ton Maître et ton Sauveur,
  C'est le bonheur que je t'apporte :
  Ne veux-tu pas m'ouvrir ton cœur ?

2 Sais-tu que je suis né pour toi,
  Que pour toi j'ai donné ma vie?
  Ton cœur est-il l'hôtellerie
  Sans place, même pour ton Roi?...
  Souvent, année après année,
  Chez toi j'ai frappé, mais en vain.
  Voici le soir de la journée,
  Ne veux-tu pas m'ouvrir enfin?

3 N'auras-tu pas besoin de moi,
  Bientôt, dans la nuit éternelle?
  Dès aujourd'hui viens sous mon aile,
  Je serai tout, oui, tout pour toi!
  Le temps rapidement t'emporte;
  Pourquoi renvoyer à demain?
  Trop tard, un jour devant ma porte,
  Tu frapperas, peut-être en vain...

4 Si tu n'as pas besoin de moi,
  Ecoute, obéis sans comprendre.
  Jusques à quand devrai-je attendre?
  Ton Seigneur a besoin de toi.
  Voici je me tiens à ta porte,
  Je suis ton Maître et ton Sauveur;
  C'est le bonheur que je t'apporte!
  Ne veux-tu pas m'ouvrir ton cœur?

                    Ch. ROCHEDIEU.

271

1 Pécheur, qui t'appelle ainsi?
    La voix maternelle ·
  Est moins douce : « Viens ici,
    Sous mon aile!

2 Toi que le mal a meurtri,
    Pauvre cœur rebelle,
  Accours, tu seras guéri
    Sous mon aile!

3 Car qui touche à l'un des miens
    Touche à ma prunelle :
  Heureux celui que je tiens
    Sous mon aile!

4 Là tu verras les clartés
    De l'aube immortelle :
  Il n'est point d'obscurités
    Sous mon aile!

5 Ce trésor longtemps cherché :
    La vie éternelle,
  Tu le trouveras caché
    Sous mon aile! »

6 O Jésus! qu'à ton amour
    Je reste fidèle;
  Garde-moi de jour en jour
    Sous ton aile!

7 Et quand sonnera pour moi
    L'heure solennelle,
  Que je m'endorme avec foi
    Sous ton aile!

                    R. S.

272

1 Pécheurs, voyez l'Agneau du Père
    Sur le bois,
  Sur le bois de la croix.
  Pour nous il rend l'âme au Calvaire,
    Sur le bois,
  Sur le bois de la croix.
  J'entends son cri d'agonie :
    « ELI !
  LAMMA SABACTHANI ! »
  (Ou : *Je vois sa souffrance infinie :*)
  Ta mort, Jésus, sera ma vie.
    Oui, je crois
  A Jésus mort en croix.

2 Ton sang, Jésus, seul purifie!
    Du pécheur
  Tu peux laver le cœur.
  Ta voix d'amour m'offre la vie;
    Du pécheur
  Tu peux laver le cœur
  De Golgotha ta voix crie :
    « ELI!
  LAMMA SABACTHANI! »
  (Ou: *C'est pour vous que j'offre ma vie!*)
  O Christ! j'entends ta voix chérie :
    Bon Sauveur,
  Je te donne mon cœur.

3 Agneau de Dieu, près de ton Père,
    Souviens-toi
  D'un pécheur tel que moi!
  O Christ, souviens-toi du Calvaire!
    Souviens-toi
  D'un pécheur tel que moi!
  Pour moi fut ton agonie;
    « ELI!
  LAMMA SABACTHANI! »
  (Ou : *Pour moi fut ta peine infinie.*)
  A toi sera toute ma vie.
    O mon Roi!
  O Christ, je suis à toi!

                    W. LELIÈVRE.

273   (*Psaume 66*)

1 Peuples, venez, et qu'on entende
  Partout votre hymne solennel!
  Qu'en cris de joie on se répande,
  Et que l'on dise à l'Eternel :

                                    6

Combien tu te montres terrible,
Seigneur, en tout ce que tu fais !
L'ennemi, longtemps invincible,
S'abaisse pour avoir la paix.

2 Toute la terre est prosternée
Au pied de ton trône, Seigneur,
Et de tes bienfaits couronnée
Elle célèbre ta grandeur.
Venez, rendez-lui vos hommages.
Et jugez, d'un commun accord,
Si tant de merveilleux ouvrages
Sont d'un autre que du Dieu fort.

3 Peuples, que toujours on bénisse
Du Seigneur le nom glorieux,
Et que le monde retentisse
De ses louanges en tous lieux :
C'est lui qui garde notre vie,
Et conduit sûrement nos pas ;
C'est lui dont la grâce infinie
Nous a garantis du trépas.

4 Seigneur, ta justice divine
Voulut éprouver notre foi,
Comme l'argent que l'on affine
·Lorsqu'il n'est pas de bon aloi.
Mais, nous délivrant par ta grâce,
Tu nous donnes des jours heureux ;
Et, moi, j'irai devant ta face,
Eternel, accomplir mes vœux.

5 Venez tous, et que je proclame,
En la présence du Seigneur,
Le bien qu'Il a fait à mon âme,
Alors qu'il m'a vu droit de cœur.
Béni soit mon Dieu secourable,
Qui jamais ne m'a rejeté,
Et de moi, pécheur misérable,
N'a point détourné sa bonté !

274

1 Place pour toi, pécheur, Jésus t'appelle
Au grand festin de la vie éternelle.

Chœur : Place pour toi,   .
      Pécheur, viens par la foi !

2 Du grand banquet la salle est préparée ;
Dans son amour, Dieu t'en donne l'en-
[trée. Ch.

3 Jésus mourut, et par son sacrifice
Il te revêt du manteau de justice.   Ch.

4 Dans son palais, où sa gloire rayonne,
Aux malheureux, il offre une couronne.
Ch.

5 La nuit s'approche, ah ! que rien ne t'ar-
[rête ;
Là-haut ton Père à t'accueillir s'apprê-
[te. Ch.

6 Entre, il est temps !... Lorsque l'heure
[est sonnée
Plus de pardon pour l'âme condamnée,
Chœur : O cri d'effroi !
      Plus de place pour toi !

R. S.

275

1 Pleine des plus beaux dons, l'âme se
[trouve vide ;
Elle n'en peut tirer qu'un bonheur im-
[parfait ;
Rien ne pourra remplir ce cœur toujours
[avide,
Que la seule beauté pour laquelle il est
[fait.

2 Tous les plaisirs du monde et toutes ses
[caresses,
La pompe et la grandeur des trônes réu-
[nis,
Toutes les voluptés et toutes les riches-
[ses,
Sont des biens trop bornés pour des
[vœux infinis.

3 Les fleuves, les ruisseaux, les torrents,
[les fontaines,
Portent à l'océan leurs eaux sans le gros-
[sir ;
Le torrent tout entier des délices hu-
[maines
Dans l'abîme du cœur se perd sans le
[remplir.

4 Mon cœur a-t-il en vain cette grandeur
[immense ?
Je vois combien Jésus est jaloux de ma
[foi.
Je vois que ton amour, je sens que ta
[puissance,
En le faisant si grand, ne le fit que pour
[toi.

5 Brise, ô Dieu ! les liens où mon âme cap-
[tive
Entre le monde et toi partage ses sou-
[pirs,
Et dirige mes pas vers la source d'eau
[vive
Qui peut seule étancher la soif de mes
[désirs.

Recueil de Paris.

276

1 Plus de pleurs, plus de faux sourire
    Sur l'autre bord; (*bis*)
  Plus de terreurs, plus de délire,
  Plus de luttes, plus de martyre,
    Après la mort! (*bis*)

Ch. : Repos, amour — au doux séjour!
  De ta venue, ô Christ, hâte le jour!

2 Plus de foudre, plus de nuage
    Sur l'autre bord; (*bis*)
  Plus de fleurs que brise l'orage,
  Plus de bonheurs qui font naufrage,
    Après la mort! (*bis*)   *Ch.*

3 Plus d'hiver, plus de froide bise
    Sur l'autre bord; (*bis*)
  Plus d'adieux où le cœur se brise,
  Plus d'amis que le temps divise,
    Après la mort! (*bis*)   *Ch.*

4 Bientôt, Seigneur, ce soir peut-être,
    Sur l'autre bord, (*bis*)
  De loin nous te verrons paraître,
  Pour nous recueillir, tendre Maître,
    Avant la mort! (*bis*)   *Ch.*
                   R. S.

277

1 Plus haut, plus haut, c'est le cri de ma
                [foi!
  S'il faut courber la tête sous le glaive,
  Je veux encor que mon âme s'élève [toi!
  Plus près de toi, mon Dieu, plus près de

2 Lorsque la nuit se fait autour de moi,
  Quand j'erre seul dans le désert immen-
                [se,
  Que de mon âme encor ce cri s'élance :
  Plus près de toi, mon Dieu, plus près de
                [toi!

3 Prends, ô mon cœur, les ailes de la foi,
  Vole au-dessus des monts et des vallées,
  Chante au travers des plaines étoilées :
  Plus près de toi, mon Dieu, plus près de
                [toi!

4 Quand tu viendras, ô mon céleste Roi,
  Me recueillir dans ta pure lumière,
  Que je redise à mon heure dernière :
  Plus près de toi, mon Dieu, plus près de
                toi!
                   R. S.

278

1 Plus le mal est pressant, plus ma misère
                [est grande,
  Plus l'abîme est profond et béant sous
                [mes pas,
  Plus le péril extrême un prompt secours
                [demande,
  Plus je me réfugie, ô Jésus, dans tes
                [bras!

2 Parmi tous les dangers, c'est toi qui me
                [rassures,
  Contre tous les assauts, c'est toi mon
                [bouclier!
  C'est toi, si je faiblis, qui guéris mes
                [blessures;
  Pour pouvoir tout, sur toi je n'ai qu'à
                [m'appuyer.

3 Tu m'as associé, Jésus, à ta victoire,
  Mets ta force en mon bras, mets ta flam-
                [me en mon cœur!
  Oui, viens par mon triomphe, ajouter à
                [la gloire,
  Combattre par mes mains et me rendre
                [vainqueur.

4 Tu me donnes toujours selon ma con-
                [fiance,
  Quand j'ai tout demandé, n'ai-je pas
                [tout reçu?
  Avec toi tout triomphe est assuré d'avan-
                [ce :
  Quand on est sûr de vaincre, on a déjà
                [vaincu!
                E. MONOD.

279

1 Plus que vainqueurs! telle est notre de-
                [vise;
  Plus que vainqueurs, bien que persécu-
                [tés,
  Car la victoire à la foi fut acquise
  Par le Sauveur qui nous a rachetés.

2 Suivons le Christ jusque sur le Calvaire;
  Ayons toujours sa mort devant nos yeux.
  Si nous souffrons avec lui sur la terre,
  Nous régnerons avec lui dans les cieux.

3 Osons braver les injures du monde,
  Pour confesser le beau nom de Jésus.
  Que sur lui seul tout notre espoir se
                [fonde
  Et notre espoir ne sera pas confus.

4 Amis, croyons au pouvoir invisible
Que le Sauveur a caché dans sa croix;
Saisissons-la comme une arme invinci-
[ble,
Pour triompher au nom du Roi des rois!

AMBRESIN.

280

1 Possèdes-tu, pauvre pécheur,
La vive et joyeuse espérance?
As-tu trouvé, plein d'assurance,
Un appui ferme pour ton cœur?
Pour moi, j'ai (mon Sauveur; (ter)
Pour moi, j'ai mon Sauveur,
En lui j'ai mis ma confiance.

2 Quand ton esprit est abattu,
Quand ta vaine gaîté s'envole,
Quelle voix alors te console,
Et pour ami, qui donc as-tu?
Pour moi, j'ai (mon Sauveur; (ter)
Pour moi, j'ai mon Sauveur :
Oh! qu'elle est douce sa parole!

3 De ton présent, de ton passé,
Quand tu sens la triste folie,
Quand tu prends en dégoût la vie,
Qui soutient ton cœur oppressé?
Pour moi, j'ai (mon Sauveur; (ter)
Pour moi, j'ai mon Sauveur :
Sa grâce au repos me convie.

4 Et quand la nuit de l'avenir
Sur toi déjà jette son voile,
Quand l'horizon pour toi se voile,
D'où le jour te peut-il venir?
Pour moi, j'ai (mon Sauveur; (ter)
Pour moi, j'ai mon Sauveur,
Du matin, la brillante Etoile!

5 Oh! si tu voulais dans les bras
De Jésus aussi prendre place!
Si tu voulais saisir sa grâce!...
Viens à Lui, frère, et tu vivras!
Oh! gloire à (mon Sauveur ; (ter)
Oh! gloire à mon Sauveur!
Heureux qui contemple sa face!

A. DESCHAMPS.

281

1 Pour moi chrétien, la terre est un exil;
Mais tout est bien, mais tout est bien.
Il faut marcher de péril en péril;
Mais tout est bien, mais tout est bien.
Pourquoi les pleurs, la terreur ou l'en-
[nui?
Christ est à moi demain comme aujour-
Au ciel bientôt je serai tout à lui. [d'hui;
Oui, tout est bien, oui, tout est bien.

2 Larmes, travail, deuil, tristesse ici-bas;
Mais tout est bien, mais tout est bien.
De Canaan j'approche à chaque pas;
Oui, tout est bien, oui, tout est bien.
En vain le monde et son charme trom-
[peur,
Dans ses liens veut retenir mon cœur;
J'avance en paix les yeux sur mon Sau-
[veur.
Oui, tout est bien, oui, tout est bien.

3 Encore un jour et j'atteindrai le but;
Oui, tout est bien, oui, tout est bien.
Et je verrai le pays du salut!
Oui, tout est bien, oui, tout est bien.
Encore un jour, le monde va passer,
O pèlerin, marche sans te lasser;
Bientôt en Dieu tu vas te reposer.
Oui, tout est bien, oui, tout est bien.

Imité.

282

1 Pour toi seul, en qui j'espère,
Pour toi seul, d'un cœur joyeux,
Je fais monter de la terre
Mon cantique vers les cieux.
Pour toi seul, (bis)
Oui, mon Sauveur, pour toi seul.

2 A toi seul, sainte victime,
Agneau mis à mort pour moi,
Dont le sang lava mon crime,
A toi seul s'attend ma foi.
A toi seul, (bis)
Oui, mon Sauveur, à toi seul.

3 A toi seul, dans la détresse,
A toi seul j'aurai recours,
A toi seul, ma forteresse,
Le Rocher de mon secours.
A toi seul, (bis)
Oui, mon Sauveur, à toi seul.

A. GLARDON.

283

1 « Pour toujours avec lui! »
Une douce espérance
A ces mots, dans mon cœur a lui
Et calmé ma souffrance.

Chœur : Je languis ici-bas,
Ma route est solitaire,
Mais, chaque soir, un nouveau pas
Me rapproche du Père.

2 Quand viendras-tu des cieux
Finir ma longue attente?
Quand, pour ton palais radieux,
Quitterai-je ma tente?   *Ch.*

3 O douce éternité!
O fleuve des eaux vives!
Bientôt je serai transporté
Sur tes célestes rives.   *Ch.*

4 Doux Sauveur, près de toi
Que je vive et je meure;
Fais de mon âme, ô puissant Roi,
Ton trône et ta demeure,

Chœur : Puis, laissant ici-bas
Ma route solitaire,
Je m'envolerai dans tes bras
Vers la maison du Père!

R. S.

284

1 Pour triompher dans les combats,
Quelle est notre force ici-bas?
Quelle est la divine lumière
Qui nous dirige et nous éclaire
Dans la nuit sombre de l'erreur?
C'est la Parole du Seigneur.

2 Quel est le glaive à deux tranchants
Dont les coups sont assez puissants
Pour briser l'arme la plus dure,
Et, malgré la plus forte armure,
Pour pénétrer jusques au cœur?
C'est la Parole du Seigneur.

3 Quel est le vent impétueux
Qui mugit et descend des cieux,
Et dont la voix grave et sévère,
Semblable à celle du tonnerre,
Fait trembler l'âme du pécheur?
C'est la Parole du Seigneur.

E. BERSIER.

285

1 Prends ma vie, elle doit être
A toi seul, ô divin Maître!
Que sur le flot de mes jours
Ton regard brille toujours!

2 Que mes mains, à ton service,
S'offrent pour le sacrifice;
Qu'à te suivre pas à pas
Mes pieds ne faiblissent pas!

3 Prends ma voix, et qu'elle chante
Ta grâce auguste et touchante;
Par mes lèvres que ton Nom
Parle aux pécheurs de pardon!

4 Que mon esprit s'illumine
De ta sagesse divine;
Prends mon argent et mon or
Et, toi seul, sois mon trésor!

5 Que ma volonté devienne
La servante de la tienne;
Fais ton trône de mon cœur;
Il t'appartient, bon Sauveur!

6 Qu'ainsi mon amour répande
A tes pieds mon humble offrande :
Prends-moi, dès mes premiers jours,
Tout, à toi seul, pour toujours!

R. S.

286

1 Publiez bien haut la grande nouvelle
Le ciel est ouvert à tout être humain
La route est tracée, un guide fidèle
Vous conduira par la main.

Ch. : Le salut pour tous, le salut par g
A tous est offert, à tous est donn
Oh! venez pécheurs, venez le te
Et vous serez pardonnés. [pas

2 Publiez bien haut la grande nouvelle
Le sang de Jésus a tout effacé.
Où que vous soyez, c'est vous qu'il ap-
[pelle,
Vous qui l'avez offensé.   *Ch.*

3 Publiez bien haut la grand nouvelle :
Au loin comme au près faites-la courir,
Partout où se trouve une âme rebelle,
Un pécheur à secourir.   *Ch.*

A. GLARDON.

287

1 Quand finira le combat de la foi,
Quand, aux rayons de la nouvelle aurore,
Mes yeux verront le Sauveur que j'adore,
Ah! ce sera le triomphe pour moi.

Ch. : Jour de victoire et de bonheur !
Mes yeux verront mon Rédempteur
Loin du péché, de la mort, de l'er-
[reur...
O jour de gloire et de bonheur !

2 Dans ton palais, ô mon bien-aimé Roi,
Tu daigneras m'accorder une place...
Etre à tes pieds et contempler ta face :
Je ne veux pas d'autre gloire pour moi.
Ch.

3 Là, je verrai, groupés autour de toi,
Ceux que j'aimais autrefois sur la terre;
Mais ton sourire, ô Prince de lumière,
Sera le ciel pour eux comme pour moi !
Ch.
R. S.

288

1 Quand le ciel devient menaçant,
Parle, ô Christ, ô mon Roi.
La crainte cesse en t'écoutant :
« Rassurez-vous, c'est moi ! »   (*ter*)

2 Quand les flots grondent en fureur,
Mon âme est sans effroi;
Ta voix encor dit à mon cœur :
« Rassurez-vous, c'est moi ! »   (*ter*)

3 Quand mon esquif paraît sombrer,
Soutiens, Jésus, ma foi,
Et dis au plus fort du danger :
« Rassurez-vous, c'est moi ! »   (*ter*)
Cantiques du Réveil.

289

1 Quand le Sauveur naquit dans une éta-
[ble,
Un doux accord dans la nuit s'éleva :
— Jésus est né, disait l'hymne ineffable,
Paix sur la terre et gloire à Jéhova !
Chantez encore,
Mon cœur vous suit,
Anges, chantez l'aurore
Aux enfants de la nuit !

2 Mais quand il vit l'affreuse croix dres-
[sée,
Le ciel se tut, frémissant, consterné...
Seule une voix retentit, angoissée :
« Mon Dieu, pourquoi m'avoir abandon-
Mon cœur, adore...   [né ! »
Pleure sans bruit...
Pour toi, pour toi l'aurore,
Pour lui la sombre nuit !

3 Mais quelle étrange et puissante harmo-
Fit tout à coup vibrer l'immensité ! [nie
L'enfer trembla; la lutte était finie
Et le Sauveur était ressuscité !
Chantez encore,
Mon cœur vous suit,
Anges, chantez l'aurore
Aux enfants de la nuit !

4 Depuis ce jour, au seuil des saints por-
[tiques,
Les chœurs sacrés attendent, anxieux,
Pour l'acclamer de leurs plus beaux can-
[tiques,
Le pèlerin qui marche vers les cieux.
Chantez encore, etc.

5 Ecoutons-les, ces chants doux et subli-
Qui, par l'écho répétés mille fois, [mes,
Couvrent le bruit des vents et des abî-
A ces concerts joignons nos faibles voix !
Chantez encore, etc.

6 Ecoutez-les, vous qui pleurez dans l'om-
[bre,
Vous dont la route a meurtri les genoux:
Levez les yeux ! A travers la nuit som-
[bre,
Les portes d'or s'illuminent pour vous !
Chantez encore, etc.

7 Votre Sauveur, votre Roi, vous appelle;
Il sait parler plus fort et mieux que nous:
— « Venez, venez ! De la vie éternelle
Les portes d'or sont ouvertes pour vous !»
Chantez encore,
Mon cœur vous suit.
Voici, voici l'aurore
Pour les fils de la nuit !
R. S.

290

1 Quand le vol de la tempête
Vient assombrir ton ciel bleu,
Au lieu de baisser la tête,
Compte les bienfaits de Dieu.

Chœur : Compte les bienfaits de Dieu,
Mets-les tous devant tes yeux,
Tu verras, en adorant,
Combien le nombre en est grand.

2 Quand, sur la route glissante,
Tu chancelles sous la croix,
Pense à cette main puissante
Qui t'a béni tant de fois.   *Ch.*

3 Si tu perds dans le voyage
  Plus d'un cher et doux trésor,
  Pense au divin héritage
  Qui Là-Haut te reste encor.   *Ch.*

4 Bénis donc, bénis sans cesse
  Ce Père qui, chaque jour,
  Répand sur toi la richesse
  De son merveilleux amour.   *Ch.*

M. Perrenoud.

291

1 Qu'aujourd'hui toute la terre
  S'égaie au nom du Seigneur;
  Qu'à Dieu monte sa prière
  Par Jésus le Rédempteur.

2 Qu'aujourd'hui son Evangile
  En tous lieux soit publié;
  Qu'à porter son joug facile
  Tout pécheur soit convié.

3 Qu'aujourd'hui beaucoup d'esclaves
  De l'erreur et de la mort
  Soient tirés de leurs entraves
  Par la grâce du Dieu fort.

4 Qu'aujourd'hui la paix descende,
  Seigneur, sur tous tes enfants,
  Et que partout l'on entende
  Leurs hymnes reconnaissants!

C. Malan.

292

1 Que devient mon enfant, ce soir?
  Il suit une sombre voie,
  Lui qui faisait tout mon espoir
  Et ma couronne de joie.

Ch. : Cherchez mon enfant ce soir! (*bis*)
Mon cœur est plein, je veux le revoir.
Cherchez mon enfant ce soir!

2 Tout jeune encor, je crois le voir,
  Lorsque fervent et sincère,
  Il disait à Dieu chaque soir
  Son enfantine prière!

3 Je le revois, plus grand, plus fort,
  Lorsque aux jours de sa jeunesse,
  Son cœur était candide encor
  Et pour moi plein de tendresse. *Ch.*

4 Oh! qui me rendra mon enfant
  Comme autrefois plein de charmes?
  Je veille et pleure en l'attendant :
  Cherchez le fils de mes larmes.   *Ch.*

5 Combien j'ai soif de te revoir,
  Mon enfant, combien je t'aime!
  Oh! dans mes bras reviens ce soir;
  Entends mon appel suprême.

Ch. : Reviens mon enfant, ce soir! (*bis*)
Mon cœur est plein, je veux te revoir.
Reviens, mon enfant, ce soir!

E.-L. Budry.

293   *(Psaume 68)*

1 Que Dieu se montre seulement
  Et l'on verra, dans un moment,
  Abandonner la place.
  Le camp des ennemis épars
  Epouvantés de toutes parts,
  Fuira devant sa face,
  On verra tout ce camp s'enfuir
  Comme l'on voit s'évanouir
  Une épaisse fumée;
  Comme la cire fond au feu,
  Ainsi des méchants devant Dieu
  La force est consumée.

2 Réjouissez-vous devant lui!
  Il est des orphelins l'appui,
  Le défenseur, le Père;
  Il est des veuves le recours
  Et de son peuple, tous les jours,
  Il entend la prière.
  Ce Dieu puissant, par sa bonté,
  Ramène la prospérité,
  La paix et l'allégresse;
  Du captif il brise les fers,
  Du juste, dans tout l'univers,
  Son œil voit la détresse.

3 O Dieu! ceux qui t'ont résisté
  Viendront avec humilité
  Au palais de ta gloire.
  Béni sois-tu, Dieu tout puissant,
  Qui, des hauts cieux nous exauçant,
  Nous donnes la victoire!
  L'Eternel est notre recours,
  Et nous avons par son secours
  Trouvé la délivrance.
  Il est le Dieu bon, le Dieu fort;
  Il est, en face de la mort,
  Notre seule espérance.

4 Louez ce Dieu si glorieux
  Qui voit sous ses pieds les **hauts cieux,**
  Qu'il a formés lui-même,
  Et de qui la puissante voix
  Fait trembler et peuples et **rois**
  Par sa force suprême.

Soumettez-vous à l'Eternel ;
Reconnaissez qu'en Israël
Sa gloire est établie,
Comme on voit luire dans les airs,
Parmi la foudre et les éclairs,
Sa puissance infinie.

Th. DE BÈZE.

294

1 Quel bonheur, quand faisant trêve
Un moment à nos labeurs,
L'aube du saint jour se lève
Dans le ciel et dans nos cœurs !
Dès le matin plus légère,
L'âme s'élève au Seigneur
Sur l'aile de la prière :
Quel bonheur ! (bis)

2 L'été, la nature en fête
Elève ensuite sa voix ;
On l'entend où qu'on s'arrête,
Dans les champs et dans les bois.
L'oiseau, la fleur, le brin d'herbe
Chante aussi bien son auteur
Que la montagne superbe :
Quel bonheur ! (bis)

3 L'hiver, voici la demeure
Du pauvre et de l'orphelin,
Où l'on a froid, où l'on pleure :
Oh ! prenons-en le chemin !
A soulager la souffrance,
A faire en leur triste cœur
Luire un rayon d'espérance,
Quel bonheur ! (bis)

L. TOURNIER.

295

1 Quel est ce passant, dites-moi,
Qui cause aujourd'hui tant d'émoi ?
Que veut cette foule empressée,
Attentive et jamais lassée ?
Entendez, entendez le cri :   } (bis)
« Jésus de Nazareth est ici ! » }

2 Quel est ce Jésus, et comment
Cet étranger si puissamment
A-t-il ému la ville entière ?
Est-ce un Dieu visitant ta terre ?
La foule répond par le cri :   } (bis)
« Jésus de Nazareth est ici ! » }

3 C'est Celui qui vint partager
Notre misère, et soulager
Les cœurs meurtris par la souffrance.
Il apporte la délivrance,
L'aveugle aime entendre le cri : } (bis)
« Jésus de Nazareth est ici ! » }

4 Venez, ô pauvres cœurs brisés,
Vous que le monde a méprisés !
Recevez la paix de votre âme ;
Dans son amour, Dieu vous réclame.
Venez ! Entendez-vous le cri :   } (bis)
« Jésus de Nazareth est ici ! » }

5 Il frappe, il franchit notre seuil ;
Qui ne voudrait lui faire accueil ?
Avec lui la joie il apporte.
De notre cœur ouvrons la porte,
Et saluons-le par le cri :   } (bis)
« Jésus de Nazareth est ici ! » }

6 Mais nul vos larmes n'essuira
Quand de vous il s'éloignera !...
Pour ceux qui refusent d'entendre
Aujourd'hui sa voix douce et tendre,
« Trop tard ! trop tard ! sera le cri : } (bis)
« Jésus de Nazareth est parti ! »   }

R. S.

296

1 Qu'elle est douce, qu'elle est bonne
Cette paix qui vient du ciel !
C'est Jésus qui nous la donne,
Dans son amour éternel.
Au jour de sa mort cruelle,
Ce bon Sauveur nous l'acquit,
Et dans nos cœurs il la scelle
Par le don de son Esprit.

2 Cette paix, rien ne la trouble,
Dangers, douleurs ni travaux.
Dans le combat qui redouble,
Elle fait notre repos.
Ah ! que notre cœur l'éprouve !
Qu'il en sente la douceur !
Que toujours il la retrouve,
Sous le regard du Sauveur !

Chants chrétiens.

297

(Voir n° 92)

298

1 Quelqu'un frappe à votre porte :
Ouvrez-lui ! Ouvrez aujourd'hui !
C'est le ciel qu'il vous apporte ;
Ouvrez-lui ! Ouvrez aujourd'hui !
Chez vous il veut prendre place ;
Ouvrez avant qu'il se lasse !
Le temps presse, le temps passe !
Ouvrez-lui ! Ouvrez aujourd'hui !

— 89 —

2 Ouvrez! c'est lui qui pardonne;
Ouvrez-lui! etc.
Acceptez tout ce qu'il donne :
Ouvrez-lui! etc.
Sa main va briser vos chaînes;
Ses promesses sont certaines;
Bientôt finiront vos peines...
Ouvrez-lui! etc.

3 Seul, il ôte les souillures;
Ouvrez-lui! etc.
Seul, il guérit les blessures :
Ouvrez-lui! etc.
Quand la mort va vous surprendre,
Seul il pourra vous défendre,
Et sous son aile vous prendre.
Ouvrez-lui! etc.

4 Ecoutez l'appel si tendre :
Ouvrez-lui! etc.
C'est assez le faire attendre :
Ouvrez-lui! etc.
Le Roi des rois vous implore :
Qui peut résister encore?
Oh! que votre âme l'adore!
Ouvrez-lui! etc.

Ed. MONOD.

299

1 Quel repos céleste, Jésus, d'être à toi!
A toi pour la mort et la vie,
Dans les jours mauvais de chanter avec
Tout est bien, ma paix est infinie! [foi :
Ch. : Quel repos (ter), quel céleste repos!

2 Quel repos céleste! Mon fardeau n'est
Libre par le sang du Calvaire,   [plus
Tous mes ennemis, Jésus les a vaincus,
Gloire et louange à Dieu notre Père! Ch.

3 Quel repos céleste! Tu conduis mes pas,
Tu me combles de tes richesses, [sauras
Dans ton grand amour, chaque jour tu
Déployer envers moi tes tendresses. Ch.

4 Quel repos céleste, quand enfin, Seigneur,
Auprès de toi j'aurai ma place!
Après les travaux, les combats, la dou-
[leur,
A jamais je pourrai voir ta face! Ch.

Mlle HUMBERT.

300

1 Que ne puis-je, ô mon Dieu, Dieu de ma
[délivrance,
Remplir de ta louange et la terre et les
[cieux,

Les prendre pour témoins de ma recon-
[naissance,
Et dire au monde entier combien je suis
[heureux!

2 Heureux quand je te parle, et que, de ma
[poussière,
Je fais monter vers toi mon hommage ou
[mon vœu,
Avec la liberté d'un fils devant son père,
Et le saint tremblement d'un pécheur de-
[vant Dieu.

3 Heureux, lorsque, assailli par l'ange de
[la chute,
Prenant la croix pour arme et l'Agneau
[pour Sauveur,
Je triomphe à genoux, et sors de cette
[lutte,
Vainqueur, mais tout meurtri; tout meur-
[tri, mais vainqueur!

4 Heureux, toujours heureux! J'ai le Dieu
[fort pour Père,
Pour frère, Jésus-Christ, pour conseil
[l'Esprit-Saint :
Que peut ôter l'enfer, que peut donner la
[terre
A qui jouit du ciel et du Dieu trois fois
[saint?

A. MONOD.

301

1 Que ton fidèle amour est une grande
[chose,
O Dieu, mon Rédempteur, mon rocher,
[mon gardien!
Oh! quel puissant soutien, (bis)
Que ce bras de ta grâce où mon cœur se
[repose!

2 Oui, je marche avec toi dans mon pèle-
[rinage;
Autrefois j'étais seul, sans guide et sans
[Sauveur,
Mais aujourd'hui, Seigneur, (bis) [ge.
Je poursuis avec toi mon terrestre voya-

3 Bien-aimé Fils de Dieu! mon cœur, plein
[d'allégresse,
Dans la paix de la foi, se tient sous ton
Oh! quelle riche part (bis) [regard.
Mon âme, chaque jour, possède en ta
[tendresse!

4 Ainsi, moi ton enfant, Seigneur, devant
[ta face
Je marche vers la gloire et la félicité!
Et pour l'éternité, (bis) [place.
Ton amour près de toi me réserve une

C. MALAN.

302

1 Que tout genou fléchisse
Devant ta majesté.
Et qu'aujourd'hui je puisse } (bis)
Lâcher ma volonté!

2 Oui, devant toi je plie,
Je me courbe, ô mon Roi,
Je pleure et m'humilie } (bis)
Et c'est un don de toi!

3 Que tout ce qui s'élève
En moi soit abaissé!
Que mon cœur de ton glaive,} (bis)
S'il le faut, soit percé!

4 Mourir, mais c'est renaître
Et vivre désormais.
Oh! courbe tout mon être } (bis)
A tes pieds pour jamais!

A. PÉLAZ.

303

1 Qui dit au soleil sur la terre
D'éclairer tout homme en tout lieu,
Et qui donne aux nuits leur mystère?
C'est l'Eternel, c'est notre Dieu! (bis)

2 Le bluet et le ciel superbe,
Qui les a teints d'un si beau bleu?
Qui verdit l'émeraude et l'herbe?
C'est l'Eternel, c'est notre Dieu! (bis)

3 Quand nous pleurons, qui nous console?
Qui veille sur nous en tout lieu?
Qui nous soutient par sa Parole?
C'est l'Eternel, c'est notre Dieu! (bis)

4 Et lorsque notre âme immortelle
A la terre aura dit adieu,
Près de qui s'envolera-t-elle?
Vers l'Eternel, vers notre Dieu! (bis)

Recueil des Ecoles du Dimanche.

304

1 Qu'il fait bon à ton service,
Jésus, mon Sauveur!
Qu'il est doux le sacrifice,
Que t'offre mon cœur !

Ch. : Prends, ô Jésus, prends ma vie,
Elle est toute à toi!
Et dans ta grâce infinie,
Du mal garde-moi!

2 Mon désir, mon vœu suprême,
C'est la sainteté!
Rien je ne veux et je n'aime
Que ta volonté!   Ch.

3 Comme l'ange au vol rapide
Je veux te servir,
Les yeux fixés sur mon guide,
Toujours obéir.   Ch.

4 Travail, douleur et souffrance,
Non, je ne crains rien!
Toi, Jésus, mon Espérance,
Voilà mon seul bien!   Ch.

5 Ensemble donc vers la gloire,
Marchons en avant!
Chantant l'hymne de victoire
Toujours triomphant!   Ch.

Mlle HUMBERT.

305

1 Qu'ils sont beaux sur les montagnes,
Les pieds de tes serviteurs,
Qui parcourent les campagnes,
Prêchant la grâce aux pécheurs!
O délicieuse vie
D'un serviteur de Jésus,
Qui pour son Maître s'oublie,
En annonçant ses vertus!

2 Libre de toute autre chaîne,
Le chrétien qui sert son Dieu,
Dans la souffrance et la peine
Suit son modèle en tout lieu.
Il faut qu'en vivante offrande
Il s'offre pour son Sauveur;
C'est là ce que Dieu demande
D'un fidèle serviteur.

3 Ainsi, témoins de la grâce,
Répétez l'appel divin;
Allez, et de place en place,
Conviez au grand festin
Non les âmes indomptables,
Les mondains remplis d'orgueil,
Mais les pécheurs misérables
Qui sur leurs maux mènent deuil.

4 Au cœur accablé de peines
Qui tremble au seul nom de mort,
Au captif chargé de chaînes
Qui n'attend qu'un triste sort,

Dites que Dieu, dans sa grâce,
Donna son Fils au pécheur,
Et que sa mort efficace
Nous mérita sa faveur.

Recueil ROSSELOTY.

306

1 Qui me relève dans mes chutes?
    C'est Jésus-Christ!
Qui combat pour moi dans mes luttes?
    C'est Jésus-Christ.
Jésus a parlé, je veux croire
Que je puis lutter pour sa gloire,
Car mon bouclier, ma victoire,
    C'est Jésus-Christ!

2 Je vais à mon Père, et ma voie
    C'est Jésus-Christ :
Je suis bienheureux, et ma joie
    C'est Jésus-Christ.
Et si, même dans la souffrance,
Mon cœur me parle d'espérance,
C'est que j'ai mis ma confiance
    En Jésus-Christ.

3 Sauvé, je ne me glorifie
    Qu'en Jésus-Christ;
Pour la terre et le ciel, ma vie
    C'est Jésus-Christ.
Bientôt adieu, choses mortelles!
Loin de vous je prendrai des ailes
Vers les demeures éternelles,
    Vers Jésus-Christ!

H. MONOD.

307

1 Qui sont ces gens au radieux visage
Que, par delà les flots tumultueux,
Je vois là-bas sur le rivage
S'assembler pour monter aux cieux?

    Chœur :   [gloire,

Des palmes à la main et couronnés de
Ils vont chantant le cantique nouveau :
« Heureux qui par la foi remporta la vic-
Lavé dans le sang de l'Agneau! » [toire,

2 Ce sont des rois, jadis pauvres esclaves,
Dont Jésus-Christ a fait tomber les fers.
Libres enfin de leurs entraves,
Ils vont régner sur l'univers.   *Ch.*

3 Aux jours mauvais, aux heures solennel-
Pendant l'épreuve ou la tentation, [les,
Toujours ils restèrent fidèles
A leur noble vocation.   *Ch.*

4 Qu'ils sont heureux! L'épreuve est ter-
                [minée.
Du triste mal ils ne souffriront plus;
Et désormais, leur destinée,
C'est de régner avec Jésus!   *Ch.*

A. GLARDON.

308   *(Psaume 91)*

1 Qui sous la garde du grand Dieu
    Pour jamais se retire.
A son ombre, en un si haut lieu,
    Se repose et peut dire :
Dieu seul est mon libérateur,
    Mon espoir, mon asile!
Sous la main d'un tel protecteur,
    Mon âme, sois tranquille.

2 Des pièges tendus sous tes pas
    Sa bonté te délivre;
Il te défend dans les combats
    Que l'ennemi te livre;
Son bouclier te couvrira,
    Si le péril te presse;
Sous son aile il te gardera
    Au jour de la détresse.

3 Dans les ténèbres de la nuit,
    Que ton cœur soit sans crainte;
Et d'aucun mal quand le jour luit;
    Ne redoute l'atteinte :
Mille à ta gauche vont tomber,
    A ta droite dix mille :
Mais tu ne saurais succomber,
    Ayant Dieu pour asile.

4 Tu verras le fléau cruel
    Epargner ta demeure,
Et les anges de l'Eternel
    Te garder à toute heure :
Par leurs mains il te portera
    Durant ta vie entière,
Et jamais ton pied ne viendra
    Heurter contre la pierre.

5 A qui l'aime et connait son nom
    Dieu dit : Je suis ton guide;
Tu ne craindras ni le lion
    Ni le serpent perfide;
Je répondrai par mon pouvoir
    Au cri de ta souffrance,
Et jusqu'au bout te ferai voir
    Ma pleine délivrance.

MAROT.

309

1 Rédempteur adorable,
Sur la croix attaché,
Traité comme un coupable,
Brisé pour mon péché,
Ton angoisse suprême,
Ta douleur, ton tourment
Me disent : « Vois, je t'aime,
J'ai pris ton châtiment.

2 » Abandonné du Père,
Dans mon âme troublé,
Buvant la coup amère
Pour ton iniquité,
De l'éternelle flamme
Mon amour te sauva,
Je mourus pour ton âme,
Pécheur, à Golgotha !

3 » Le sang de mes blessures,
Ma couronne de Roi,
Toutes ces meurtrissures,
Comprends-le, c'est pour toi !
J'ai subi ta souffrance,
J'ai porté ta langueur :
Contemple en assurance
Ton grand Libérateur ! »

4 Ton amour me réclame,
Me voici, cher Sauveur ;
Prends mon corps et mon âme
Pour prix de ta douleur.
Oui, mon âme ravie
Désormais ne veut plus
Que vivre de ta vie,
A ta gloire, ô Jésus !

Mlle HUMBERT.

310

1 Redites-moi l'histoire
De l'amour de Jésus ;
Parlez-moi de la gloire
Qu'il promet aux élus.
J'ai besoin qu'on m'instruise,
Car je suis ignorant ;
Qu'à Christ on me conduise
Comme un petit enfant.

Chœur : Redites-moi l'histoire *(ter)*
De l'amour de Jésus !

2 Redites-moi l'histoire
De la crèche à la croix ;
Eveillez ma mémoire,
Oublieuse parfois.

Cette histoire si belle,
Dites-la simplement ;
Elle est toujours nouvelle ;
Répétez-la souvent.   *Ch.*

3 Redites-moi l'histoire
De mon divin Sauveur ;
C'est lui dont la victoire
Affranchit le pécheur.
Ce glorieux message,
Oh ! redites-le-moi,
Lorsque je perds courage,
Lorsque faiblit ma foi.   *Ch.*

4 Redites-moi l'histoire,
Quand le monde trompeur
Me vend sa vaine gloire
Au prix de mon bonheur.
Et quand, loin de la terre,
Je prendrai mon essor,
En fermant la paupière,
Que je l'entende encor !   *Ch.*

R. S.

311

1 Regarde à Jésus, c'est la vie
Contemple sa mort sur la croix ;
Accepte de sa main meurtrie
Ton salut, ô mon frère, et crois.

2 Mets en lui seul ta confiance ;
Crois à la force de son bras,
Il te donnera sa puissance,
Et par son Esprit tu vaincras.

3 Cette paix que ton cœur réclame
Se trouve à l'ombre de la croix :
C'est un sûr abri pour ton âme
Que t'offre encor le Roi des rois.

4 Regarde à Jésus, c'est la vie ;
Saisis ton salut éternel,
C'est à l'âme la plus flétrie
Qu'il ouvre la porte du ciel.

VAN DER BERKEN.

312

1 Regarde, âme angoissée, au mourant du
[Calvaire ;
Regarde à Christ sur la croix élevé.
C'est là qu'est ton Sauveur, contemple-le,
[mon frère ;
Un seul regard, et sois sauvé !
Regarde et crois !   [vaire ;
La vie et le pardon descendent du Cal-
Oh ! regarde, regarde à la croix !

2 Pourquoi fut-il frappé par les foudres
[divines,
Pourquoi fut-il sur le bois attaché,
Pourquoi son front sacré fut-il meurtri
[d'épines,
Sinon pour toi, pour ton péché?
Regarde et crois!   [divines;
Pour lui la mort, pour toi les promesses
Oh! regarde, regarde à la croix!

3 Tu ne peux effacer par ton sang, par tes
[larmes,
Ton long oubli de la divine loi;
Pour vivre et triompher, il n'est pas
[d'autres armes
Que l'humble regard de la foi!
Regarde et crois!
Jésus, divin soleil, dissipera tes larmes;
Oh! regarde, regarde à la croix!

R. S.

313 *(Psaume 118)*

1 Rendez à Dieu l'honneur suprême;
Car il est doux, il est clément,
Et sa bonté, toujours la même,
Dure perpétuellement.
Qu'Israël aujourd'hui s'accorde
A chanter solennellement.
Que sa grande miséricorde
Dure perpétuellement.

2 Aussitôt que, dans ma détresse,
Je recourus à sa bonté,
Il me mit au large, et sans cesse
Je dirai sa fidélité.
Le Seigneur répond à ma plainte,
Il prend ma défense toujours :
De l'homme pourrais-je avoir crainte,
Quand l'Eternel est mon secours?

3 Mieux vaut avoir son espérance
En l'Eternel qu'en l'homme vain!
Mieux vaut mettre sa confiance
En Dieu qu'en nul pouvoir humain.
Le Dieu fort est ma délivrance;
C'est le sujet de mes discours;
Par mes chants de réjouissance,
Je le célèbre tous les jours.

4 La voici, l'heureuse journée
Qui répond à notre désir :
Louons Dieu qui nous l'a donnée;
Faisons-en tout notre plaisir.
Grand Dieu, c'est à toi que je crie,
Garde ton Oint et le soutiens;
Grand Dieu, c'est toi seul que je prie,
Bénis ton peuple et le maintiens.

5 Béni soit qui, rempli de zèle,
Au nom du Seigneur vient ici.
Vous, de sa maison sainte et belle,
Nous vous bénissons tous aussi.
L'Eternel, qui nous est propice,
Nous éclaire par sa faveur.
Portons notre humble sacrifice
Jusques à l'autel du Seigneur.

6 Mon Dieu, c'est toi seul que j'honore;
Sans cesse je t'exalterai;
Mon Dieu, c'est toi seul que j'adore
Sans cesse je te bénirai.
Rendez à Dieu l'honneur suprême;
Car il est doux, il est clément,
Et sa bonté, toujours la même,
Dure perpétuellement.

MAROT.

314

1 Rends-toi maître de nos âmes,
Esprit saint, Esprit d'amour,
Et de tes divines flammes
Embrase-nous en ce jour.

Ch. : Oh! viens, Esprit de Dieu!
Fais-nous sentir ta présence,
Revêts-nous de ta puissance,
Et baptise-nous de feu!
Esprit de Dieu, baptise-nous de feu!

2 Saint-Esprit de la promesse,
Qui nous scellas de ton sceau,
Dévoile-nous la richesse
De l'héritage d'En-haut.   *Ch.*

3 Forme-nous pour le service
De notre divin Sauveur;
A ses pieds, en sacrifice
Nous apportons notre cœur.   *Ch.*

4 Esprit de vie et de gloire,
Conduis-nous de jour en jour,
Et de victoire en victoire
Jusqu'au céleste séjour.   *Ch.*

E. BUDRY.

315

1 Reste avec moi! C'est l'heure où le jour
[baisse.
L'ombre grandit... Seigneur, attarde-toi!
Tous les appuis manquent à ma faibles-
[se :
Force du faible, ô Christ, reste avec moi!

2 Le flot des jours rapidement s'écoule;
Leur gloire est vaine et leur bonheur
[déçoit;
Tout change et meurt, tout chancelle et
[s'écroule...
Toi qui ne changes point, reste avec moi!

3 J'ose implorer plus qu'un regard qui
[passe :
Viens comme à tes disciples, autrefois,
Plein de douceur, de tendresse et de grâ-
[ce.
Et pour toujours, Seigneur, reste avec
[moi!

4 Viens, mais non pas armé de ta colère,
Parle à mon cœur, apaise son émoi;
Etends sur moi ton aile tutélaire :
Ami des péagers, reste avec moi!

5 Heure après heure, il me faut ta présen-
Le tentateur ne redoute que toi;   [ce :
Qui donc prendrait contre lui ma défense?
Dans l'ombre ou la clarté, reste avec moi!

6 Je ne crains rien quand ton bras me
[protège;
Mes pleurs n'ont plus d'amertume, et
[l'effroi
Que m'inspiraient la mort et son cortège
A disparu... Seigneur; reste avec moi!

7 Montre ta croix à ma vue expirante,
Et que ton ciel s'illumine à ma foi!
L'ombre s'enfuit, voici l'aube éclatan-
[te!..
Dans la vie et la mort, reste avec moi!
R. S.

316

1 Reste avec nous, Seigneur, le jour dé-
[cline,
La nuit s'approche et nous menace tous;
Nous implorons ta présence divine :
Reste avec nous, Seigneur, reste avec
[nous!

2 En toi nos cœurs ont salué leur Maître,
En toi notre âme a trouvé son Epoux;
A la lumière elle se sent renaître :
Reste avec nous, Seigneur, reste avec
[nous!

3 Dans nos combats si ta main nous dé-
[laisse,
Satan vainqueur nous tiendra sous ses
[coups;
Que ta puissance arme notre faiblesse;
Reste avec nous, Seigneur, reste avec
[nous!

4 Sous ton regard, la joie est sainte et
[bonne;
Près de ton cœur les pleurs même sont
[doux;
Soit que la main nous frappe et nous
[couronne,
Reste avec nous, Seigneur, reste avec
[nous!

5 Et quand au bout de ce pèlerinage,
Nous partirons pour le grand rendez-
[vous,
Pour nous guider dans ce dernier pas-
[sage,
Reste avec nous, Seigneur, reste avec
[nous!

F. Chaponnière.

317

1 Rien ne peut de nos cœurs effacer la
[souillure!
Rien que le sang du Christ sur la croix
[répandu;
Source toujours ouverte où l'âme devient
[pure,
Pardon toujours offert à tout pécheur
[perdu. (bis)

2 Le larron pénitent, plein d'une humble
[espéance,
Tourna vers le Sauveur le regard de la
[foi.
Je n'irai point chercher une autre déli-
[vrance :
Le sang versé pour lui le fut aussi pour
[moi. (bis)

3 Dieu s'est fait notre Frère, il a pris no-
[tre place,
Notre offense est sur lui, sa justice est
[sur nous :
Son sang garde à jamais sa vivante effi-
[cace,
Et devant son amour, nous tombons à
[genoux. (bis)

4 Je dirai ta louange, ô Rédempteur fi-
[dèle,
Jusqu'à l'heure où la mort fera taire ma
[voix;
Et sous les nouveaux cieux, dans la gloi-
[re éternelle,
Je chanterai ta grâce et le sang de ta
[croix. (bis)

Th. Monod.

318

(Voir N° 362)

319

1 Roc séculaire,
  Frappé pour moi
Sur le Calvaire,
  Je viens à toi,
Tu sais mes chutes,
  O mon Sauveur!
Tu vois mes luttes
  Et ma douleur.

Chœur : Roc séculaire,
  Frappé pour moi
Sur le Calvaire,
  Je viens à toi.

2 Oh! purifie,
  Lave, Seigneur,
Et sanctifie
  Mon pauvre cœur.
Ma main tremblante
  Ne t'offre rien;
Ta croix sanglante
  Est mon seul bien.   *Ch.*

3 Dans la détresse
  Sois mon berger
Ma forteresse
  Dans le danger.
Et qu'à toute heure
  Que chaque jour
Mon cœur demeure
  Et ton amour.   *Ch.*

TOPLADY.

320   *(Psaume 84)*

1 Roi des rois, Eternel mon Dieu,
Que ton tabernacle est un lieu
Sur tous les autres lieux aimable!
Mon cœur languit, mes sens ravis
Ne respirent que tes parvis
Et que ta présence adorable :
Mon âme vers toi s'élevant,
Cherche ta face, ô Dieu vivant!

2 Hélas! Seigneur le moindre oiseau,
L'hirondelle ou le passereau,
Trouve son nid et sa retraite;
Et moi, dans mes ennuis mortels,
Je languis loin de tes autels;
C'est en vain que je m'y souhaite.
Heureux qui peut dans ta **maison,**
Te louer en toute saison!

3 Qui veut en toi se confier
T'a pour soleil, pour bouclier.
Tu donnes la grâce et la gloire,
Tu couronnes l'intégrité
D'honneur et de félicité,
Au delà de ce qu'on peut croire :
O mille et mille fois heureux,
Celui qui t'adresse ses vœux!

321

1 Romps-nous le pain de vie!
  Que ta bonté,
Seigneur, nous rassasie
  De vérité!
Amour qui nous fais vivre,
  Révèle-toi,
Parle dans le saint Livre
  A notre foi!

2 O toi dont la clémence
  Créa du pain
Pour une foule immense,
  Mourant de faim,
Vois, ton peuple se presse
  Autour de Toi;
Secours notre détresse
  Et notre foi!

3 C'est Toi le pain de vie,
  Verbe puissant!
C'est de ta chair meurtrie,
  C'est de ton sang
Que notre âme doit vivre...
  Ah! Donne-toi
Par l'Esprit et le Livre
  A notre foi!

4 Tu bénis tes apôtres,
  Puis, à leur tour,
Ils portèrent à d'autres
  Ton grand amour.
O Parole féconde,
  Que notre foi
T'offre à ce pauvre monde,
  Qui meurt sans toi!

R. S.

322

1 Saint des saints! Tout mon cœur (veut
             [s'élever à toi. (*bis*)
Tu me dis de chercher le regard de ta
                     [face,
Fais-moi sentir ta puissance efficace,
Esprit de Dieu, viens soutenir ma foi.
                     (*bis*)

2 Eternel, ton amour (te fit mon **Créateur**;
        (*bis*)
L'univers tout entier, Seigneur, est ton
        [ouvrage;
Mais tu formas notre âme à ton image,
Et pour t'aimer tu nous donnas un
        cœur. (*bis*)

3 Ta bonté m'accueillit (au matin de mes
        [jours; (*bis*)
Tu veillas au berceau de ma fragile vie;
Par ta faveur ma route fut choisie,
Mille bienfaits en marquèrent le cours.
        (*bis*)

4 Mais bientôt j'oubliai, (Seigneur! ce ten-
        [dre soin;
Trop souvent en mon cœur je méconnus
        ta grâce.
Que de mépris, que d'orgueil et d'au-
        [dace!
Que de détours dont tu fus le témoin!
        (*bis*)

5 Devant toi je rougis (et demeure confus;
        (bis)
Mais, Seigneur! ta pitié relève ma mi-
        [sère.
N'as-tu pas mis entre elle et ta colère
L'amour, la croix et le sang de Jésus?
        (*bis*)

6 Oui, Seigneur! tu m'entends (tu m'ôtes
        [ma douleur, (*bis*)
Je me sens ton enfant; mon Père je
        [t'appelle.
De ton secours la promesse est fidèle;
Béni sois-tu! Ta paix rentre en mon
        [cœur. (*bis*)
        C. MALAN.

323

1 Sainte Sion, ô patrie éternelle,
Palais sacré qu'habite le grand Roi,
Où doit sans fin régner l'âme fidèle,
Quoi de plus doux que de penser à toi!

2 Dans tes parvis, tout est joie, allégresse,
Chants de triomphe, ineffables plaisirs.
Là, plus de deuil, plus de maux, de tris-
        [tesses;
Là, plus d'ennuis, de langueurs, de sou-
        [pirs.

3 Tes habitants ne craignent plus l'orage;
Ils sont au port, ils y sont pour jamais.
Un calme entier devient leur doux par-
        [tage;
Dieu dans leur cœur fait abonder sa
        [paix.

4 O mon Sauveur, qui par ton sacrifice,
A ton enfant ouvris ces nouveaux cieux.
Tu m'as couvert de ta sainte justice :
Vers ta Sion j'élève en paix mes vœux.

  Recueil de la Confession d'Augsbourg.

324

1 Saint, saint, saint est l'Eternel,
Le Seigneur, Dieu des armées!
Son pouvoir est immortel;
Ses œuvres partout semées,
Font éclater sa grandeur,   } (*bis*)
Sa majesté, sa splendeur!

2 Les saints et les bienheureux,
Les trônes et les puissances,
Toutes les vertus des cieux
Disent ses magnificences,
Proclamant dans leurs concerts } (*bis*)
Le grand Dieu de l'univers.

3 L'illustre et glorieux chœur
Des apôtres, des prophètes,
Célèbre le Dieu Sauveur
Dont ils sont les interprètes;
Tous les martyrs couronnés } (*bis*)
Chantent ses fidélités.

4 Sauve ton peuple, Seigneur,
Et bénis ton héritage!
Que ta gloire et ta splendeur
Soient à jamais son partage.
Conduis-le par ton amour } (*bis*)
Jusqu'au céleste séjour.

325

1 Sains messagers, hérauts de la justice,
Haussez la voix, publiez le salut!
Que votre espoir, votre glorieux but,
Soit d'empêcher que l'homme ne pé-
        [risse,
En l'amenant (aux pieds de Jésus-Christ.
        (*bis*)

2 Oh! que tes pieds sont beaux sur les
        [montagnes,
Enfant de paix, fidèle homme de Dieu!
Devant tes pas le plus sauvage lieu
Va se changer en brillantes campagnes,
Et le pécheur (en disciple du Christ. (*bis*)

3 O notre Dieu, cette bonne nouvelle
A retenti jusqu'au fond de nos cœurs.
De ton amour les célestes douceurs
Nous font goûter l'allégresse éternelle
Qui nous attend (au royaume du Christ.
        (*bis*)

4 O Fils de Dieu! tout verra ta **puissance :**
Tout doit un jour obéir à ta loi.
Nous, tes enfants, l'attendons par la **foi;**
Montre-toi donc, et, pleins de **confiance,**
Chargeant ta croix (nous te suivrons ô
Christ! (*bis*)

C. MALAN.

326

1 Saisis ma main craintive
Et conduis-moi;
Fais que toujours je vive
Plus près de toi.
Sans toi, mon tendre Père,
Pour me guider,
Je ne sais sur la terre
Comment marcher.

2 Que ta main me dispense
Joie ou douleur,
Paisible en ta présence
Garde mon cœur.
En toi pour toutes choses
Se confiant,
A tes pieds se repose
Ton faible enfant.

3 Quand la nuit la plus noire
Te voilerait,
Ton bras jusqu'à la gloire
Me porterait.
Saisis ma main craintive
Et conduis-moi;
Fais que toujours je vive
Plus près de toi.

HOSEMANN.

327 *La Cévenole*

1 Salut, montagnes bien-aimées,
Pays sacré de nos aïeux!
Vos vertes cimes sont semées
De leurs souvenirs glorieux.
Elevez vos têtes chenues,
Espérou, Bougès, Aigoal!
De leur gloire qui monte aux nues
Vous n'êtes que le piédestal!

Chœur : Esprit qui les fis vivre,
Anime leurs enfants (*bis*)
Pour qu'ils sachent les suivre!

2 Redites-nous, grottes profondes,
L'écho de leurs chants d'autrefois,
Et vous, torrents qui, dans vos ondes,
Emportiez le bruit de leur voix!

Les uns, traqués de cime en cime,
En vrais lions surent lutter;
D'autres — ceux-là furent sublimes —
Surent mourir sans résister. *Ch.*

3 O vétérans de nos vallées,
Vieux châtaigniers aux bras tordus,
Les cris des mères désolées,
Vous seuls les avez entendus!
Suspendus aux flancs des collines,
Vous seuls savez que d'ossements
Dorment là-bas, dans les ravines,
Jusqu'au grand jour des jugements! *Ch.*

4 Dans quel granit, ô mes Cévennes,
Fut taillé ce peuple vainqueur?
Quel sang avait-il dans les veines?
Quel amour avait-il au cœur?
L'Esprit du Christ était la vie
De ces pâtres émancipés,
Et dans le sang qui purifie
Leurs courages étaient trempés! *Ch.*

5 Cévenols! le Dieu de nos pères
N'est-il pas notre Dieu toujours?
Servons-le dans les jours prospères
Comme ils firent aux mauvais jours;
Et vaillants comme ils surent l'être,
Nourris comme eux du pain des forts,
Donnons notre vie à ce Maître,
Pour lequel nos aïeux sont morts! *Ch.*

R. S.

328

1 Salut, salut pour tous! Que ce cri glo-
[rieux
Parcoure l'univers et monte jusqu'aux
[cieux!
Salut pour les pécheurs, pour les âmes
[coupables!
Salut pour les perdus et pour les misé-
[rables! (*bis*)

2 Salut pour le vieillard, le jeune homme,
[l'enfant!
Oh! retentis partout, message triom-
[phant!
Riches, pauvres, les grands, les petits de
[ce monde,
Tous ont droit au salut, et pour tous il
[abonde. (*bis*)

3 Salut, salut gratuit, sans argent et sans
[prix!
Vous tous qui périssez, vos cœurs ont-ils
[compris?

7

Acceptez maintenant, car c'est l'heure su-
[prême!
Demain n'est pas à vous, croyez à l'ins-
[tant même. (*bis*)

R. S.

329

1 Sans attendre,
Je veux tendre
Au bonheur promis;
Qui s'élance,
Qui s'avance
Obtiendra le prix.
De mon Dieu je suis l'enfant
Et c'est lui qui me défend,
Donc en route,
Point de doute,
Le but est si grand!

2 Près du trône,
La couronne
Attend le vainqueur.
Nulle trève!
Qu'on se lève!
A dit le Seigneur.
D'obéir soyons heureux
Point de tièdes, de peureux!
Qui se lasse
Perd sa place
Au banquet des cieux.

3 D'un pas ferme
Jusqu'au terme
Il faut s'avancer;
Dieu m'observe,
Qu'il préserve
Mon pied de glisser.
Que ce monde et ses attraits
Ne me séduisent jamais!
Si sa haine
Se déchaine,
Que je sois en paix!

4 Dieu de grâce,
Que ta face
Luise en mon chemin!
Père tendre,
Viens me prendre
Par ta forte main,
Toute puissance est à toi,
Subviens à ma faible foi;
Ma victoire,
C'est ta gloire,
O mon Dieu, mon Roi!

G. BOREL-GIRARD.

330

1 Sans fruit, sans fruit!
Passé détruit,
Regrets, tourments stériles,
Combats vainement soutenus,
Vœux formés et jamais tenus,
Tant d'efforts inutiles,
Sans un seul fruit! (*bis*)

2 Sans fruit, sans fruit!
Etre réduit
A vivre sur la terre
Sans loi, sans but; s'user, vieillir,
Semer le vent, ne recueillir
Que trouble et que misère,
Sans un seul fruit! (*bis*)

3 Toujours sans fruit!
Voici la nuit;
Jésus, le divin Maitre,
Sur son tribunal est monté.
Aux yeux de ce Juge irrité
Comment oser paraitre
Sans un seul fruit! (*bis*)

A. FISCH.

331

1 Sans un Dieu puissant pour Père,
Que ferez-vous? (*bis*)
Sans un Dieu Sauveur pour Frère,
Que ferez-vous? (*bis*)
Pécheurs, l'âme est immortelle,
Sans Dieu que deviendra-t-elle?
Voici l'heure solennelle :
Que ferez-vous? (*bis*)

2 Possédez-vous un refuge?
Que ferez-vous? (*bis*)
En présence du grand Juge,
Que ferez-vous? (*bis*)
Vieillards que la mort talonne,
Jeunes gens que rien n'étonne,
Pécheurs que la mort moissonne,
Que ferez-vous? (*bis*)

3 Frères, reprenez courage.
Espérez tous! (*bis*)
Jésus apporte un message,
Il est pour vous. (*bis*)
Que la mort se change en fête,
Christ a payé votre dette!
Pour célébrer sa conquête,
Unissons-nous et chantons tous :

4 Par l'amour de Dieu le Père,
　　Je suis sauvé ! (bis)
　Par le sang de Christ, mon Frère,
　　Je suis lavé ! (bis)
　Plus de douleur, plus de plainte,
　Plus de chagrin, de contrainte.
　Chante, mon cœur ! Sois sans crainte !
　　Je suis sauvé ! (bis)

Léon PAUL.

332

1 Seigneur, à ton regard de flamme,
　Rien n'est couvert, rien n'est caché ;
　Qu'il pénètre au fond de notre âme,
　Et qu'il juge en nous le péché,
　　Qu'il juge le péché !

2 Sonde nos cœurs et nos pensées ;
　Nos plus intimes souvenirs,
　Nos œuvres présentes, passées ;
　Sonde nos plus secrets désirs,
　　Nos plus secrets désirs.

3 Qu'à la lumière tout paraisse,
　Pour que tout soit purifié,
　Et qu'en nous ton Esprit ne laisse
　Rien qui ne soit sanctifié,
　　Vraiment sanctifié.

4 Alors, brûlants d'un nouveau zèle,
　Seigneur, nous pourrons t'obéir.
　Oh ! que la vie est grande et belle
　Pour ceux qui veulent te servir,
　　Qui veulent te servir !

E. BUDRY.

333

1 Seigneur, ce que je réclame,
　C'est ce riche don d'amour !
　Que cette céleste flamme
　En moi brûle nuit et jour !
　Cet amour, si fort, si tendre,
　Amour qui supporte tout,
　Qui ne veut pas se défendre,
　Prêt à souffrir jusqu'au bout.

2 Pour les autres il s'oublie,
　Il ne peut être envieux,
　Tout éloge l'humilie,
　Jamais il n'est orgueilleux.
　Cet amour peut vaincre et fondre
　Les cœurs méchants, durs, glacés ;
　Ils ne peuvent rien répondre,
　L'amour les a terrassés.

3 Devant la vaste souffrance
　Qui s'étend de jour en jour,
　Il faut un remède immense,
　Il faut un immense amour.
　Que jusqu'à la mort fidèle,
　Priant, luttant en tout lieu,
　Ma vie entière révèle
　L'amour sublime de Dieu.

Mme BOOTH-CLIBBORN.

334

1 Seigneur, dans ma souffrance,
　A toi seul j'ai recours.
　J'attends de ta puissance
　Un sûr et prompt secours.
　C'est dans les bras d'un Père
　Que je me suis jeté ;
　En sa grâce j'espère,
　Car il m'a racheté.

2 Ame faible et craintive,
　Pourquoi donc te troubler ?
　Quand tu n'es plus captive,
　Comment peux-tu trembler ?
　Laisse aux enfants du monde,
　Les soucis et les pleurs ;
　Dieu, sur qui je me fonde,
　A connu mes langueurs.

3 Qu'il est doux de se dire :
　L'Eternel pense à moi ;
　Il sait quand je soupire,
　Quand je suis dans l'effroi.
　Il recueille mes larmes,
　Il veut les adoucir ;
　A toutes mes alarmes
　Il daigne compatir.

4 Oh ! viens dans ma détresse,
　Me protéger, Seigneur,
　Et sois ma forteresse
　Au jour de la terreur.
　Sois mon bien, mon partage ;
　Mon espoir est en toi.
　J'obtiendrai l'héritage,
　Que j'attends par la foi.

Mlle DE CHABAUD-LATOUR.

335

1 Seigneur, dirige tous mes pas
　Vers le ciel, ma patrie !
　Mon Dieu, ne me délaisse pas,
　Dans ta grâce infinie !
　Remplis-moi d'une sainte ardeur
　Pour toi, mon Chef et mon Sauveur,
　　Mon trésor et ma vie !

2 Tu sais bien que souvent ma foi
  Est faible et languissante;
Mon Rédempteur! protège-moi
  Par ta vertu puissante :
Sois mon asile et mon recours,
Et que ton fidèle secours
  Réponde à mon attente!

3 Jusqu'au jour où je te verrai
  Dans l'éternelle gloire,
Où devant toi j'exalterai
  Ta mort expiatoire,
Sois ma joie et mon réconfort,
Mon gain dans la vie et la mort,
  Ma force et ma victoire.

Mme MONSELL-WOLFF.

336

1 Seigneur, donne-moi des ailes
  Pour m'élever par la foi
Jusqu'aux rives éternelles,
  Où je vivrai près de toi.

Chœur :

C'est là-haut qu'est ma patrie.
Là-haut, là-haut, je trouve mon Sauveur!
Ensemble aux sources de la vie
Abreuvons tous notre cœur.

2 Loin du monde et de ses charmes,
  Du péché, de la douleur,
Loin des pleurs et des alarmes,
  Je veux m'élever, Seigneur!   *Ch.*

3 Fais-moi des ailes de flamme
  Pour porter en ces bas lieux
Ton salut aux pauvres âmes
  Qui périssent loin des cieux.
Mais là-haut j'ai ma patrie, etc.

Imité.

337

1 Seigneur, du sein de la poussière,
  Mon âme crie à toi.
O Dieu! descends à ma prière;
  Que je te sente en moi.

2 Je ne veux plus l'ombre qui passe,
  L'image qui pâlit;
Mais la substance de ta grâce,
  Toi-même, ton Esprit.

3 C'est assez et trop se répandre
  En long et vague espoir;
Je veux te parler et t'entendre,
  Te toucher et te voir!

4 Je veux brûler, mais de ta flamme,
  Luire, mais de ton jour,
De ton âme animer mon âme,
  Aimer de ton amour.

5 Voilà le seul bien que j'envie,
  Que j'implore, ô mon Roi :
Ne plus vivre que de ta vie,
  Que par toi, que pour toi!

A. BOISSIER.

338

1 Seigneur, je n'ai rien à t'offrir
Qu'un cœur fatigué de souffrir,
Et qui sans toi, ne peut guérir :
  Je n'ai que ma misère.

Chœur : Prends-moi tel que je suis,
  Sans vertus, sans appuis,
    Tel que je suis, (*bis*)
  O mon céleste Frère!

2 J'ai transgressé ta sainte loi;
Le péché vainqueur règne en moi;
Pour me présenter devant toi,
  Je n'ai que ma souillure.

Chœur : Prends-moi tel que je suis,
  Sans vertus, sans appuis,
    Tel que je suis : (*bis*)
  Lave mon âme impure!

3 Faible est ma chair, faible est mon cœur:
Pour repousser le tentateur,
O mon divin Libérateur,
  Je n'ai que ma faiblesse.

Chœur : Prends-moi tel que je suis,
  Sans vertus, sans appuis,
    Tel que je suis! (*bis*)
  Subviens à ma détresse!

4 Ton sang versé me blanchira,
Ton Saint-Esprit m'affranchira,
Ta richesse m'enrichira,
  O mon céleste Maître!

Chœur : Prends-moi, faible et pécheur,
  Sans vertu ni vigueur;
    O mon Sauveur!
  Rends-moi vainqueur,
  Et tel que je dois être!

Ed. MONOD.

339

1 Seigneur Jésus, une vaste carrière [paix;
S'ouvre aux travaux des messagers de
De l'Evangile ils portent les bienfaits
Aux malheureux privés de sa lumière.
A leurs efforts donne un succès heureux !
Nous te prions pour eux.

2 Lorsque partout ces messagers fidèles,
O Rédempteur, proclameront ta croix,
Dans les palais, en présence des rois,
Dans les déserts, dans les îles nouvelles,
A leurs efforts donne un succès heureux !
Nous te prions pour eux.

3 Nous t'en prions, Seigneur ! bénis leur
Que leur appui soit dans la vérité. [âme:
Nous te prions pour que ta charité
Brûle en leur cœur d'une immortelle
[flamme.
A leur amour réponds du haut des cieux !
Nous te prions pour eux.

C. JUILLERAT-CHASSEUR.

340

1 Seigneur, que la terre entière
S'éveille à ta grande voix,
Et se lève à la lumière
Qui rayonne de ta croix ! (*bis*)

Ch. : Après la nuit vient l'aurore :
Voici l'heure du réveil,
Que toute âme, ô divin Soleil, } *bis*
Te contemple et t'adore !

2 Ton sang lave notre crime
Et dissipe nos remords;
En mourant, sainte victime,
Tu fais renaître les morts. (*bis*) *Ch.*

3 Arrache à l'enfer sa proie,
Tout-puissant Ressuscité !
Sème à pleines mains la joie
Sur ce monde dévasté. (*bis*) *Ch.*

4 Que la source soit tarie
De vos pleurs, vous qui pleurez,
Par l'espoir de la patrie
Où bientôt vous entrerez ! (*bis*) *Ch.*

5 Erreur, péché, nuit mortelle,
Fuyez dans le noir passé !
Pour moi la vie éternelle,
Par Jésus a commencé. (*bis*) *Ch.*

R. S.

341

1 Seigneur, que n'ai-je mille voix
Pour chanter tes louanges, (*bis*)
Et faire monter jusqu'aux anges
Les gloires de ta croix ! (*bis*)

2 Jésus, mon Seigneur et mon Dieu,
Que ton souffle m'anime (*bis*)
Pour que par moi ton Nom sublime
Retentisse en tout lieu ! (*bis*)

3 Doux nom qui fait tarir nos pleurs !
Ineffable harmonie, (*bis*)
Tu répands la joie et la vie
Et la paix dans nos cœurs ! (*bis*)

4 Désormais, je n'ai plus d'effroi.
Aucun mal ne m'accable; (*bis*)
Ton sang rend pur le plus coupable :
Ton sang coula pour moi ! (*bis*)

R. S.

342

1 Seigneur, ta grâce m'appelle,
Par mon nom tu me connais,
Et mon cœur, longtemps rebelle,
Se donne à toi pour jamais.

2 C'est pour toi que je veux vivre,
Car toi seul es mon Berger,
C'est toi seul que je veux suivre,
Et non plus un étranger.

3 N'as-tu pas donné ta vie
Pour me sauver, bon Pasteur?
Gloire à ta grâce infinie !
Gloire à toi, mon Rédempteur !

4 Ainsi, mon âme, courage !
Jésus marche devant toi,
Et, jusqu'au bout du voyage,
Son amour veille sur moi.

5 Ne crains pas qu'il abandonne
Sa brebis dans le chemin;
Il est fidèle, et personne
Ne l'ôtera de sa main.

E. BUDRY.

343

1 Seigneur, tu donnes ta grâce
Au cœur qui regarde à toi.
Ah ! que sa douce efficace
Se répande aussi sur moi !
Oui sur moi ! (*bis*)
Se répande aussi sur moi !

2 Père tendre et secourable,
Je fus rebelle à ta loi ;
Quoique impur et misérable,
O pardonne et bénis-moi !
    Bénis-moi ! (*bis*)
Oh ! pardonne et bénis-moi !

3 Rédempteur toujours propice,
Je veux m'attacher à toi ;
J'ai faim, j'ai soif de justice,
Je t'appelle, réponds-moi,
    Réponds-moi ! (*bis*)
Je t'appelle, réponds-moi !

4 Saint-Esprit, souffle de vie,
Viens en mon cœur par la foi !
Dans le sang qui purifie,
De tout péché lave-moi !
    Lave-moi ! (*bis*)
De tout péché lave-moi !

5 Par ton amour, ô bon Père,
Par le sang versé pour moi,
Par l'Esprit qui seul opère,
Dieu trois fois saint, sauve-moi !
    Sauve-moi ! (*bis*)
Dieu trois fois saint, sauve-moi !

R. S.

344

1 Semons dès que brille l'aurore ;
Semons dès que le soleil luit ;
Pendant le jour semons encore ;
Semons avant la sombre nuit...
Semons, Dieu seul peut faire éclore ;
De lui seul attendons le fruit.

Chœur :

Ah ! répandons la divine semence,
Dans le succès comme dans le mépris.
Le jour se lève et la moisson s'avance,
Et Dieu, là-haut, nous réserve le prix.

2 Semons sur le bord de la route ;
Semons sur le terrain pierreux ;
Semons dans le cœur où le doute
Semble étouffer la voix des cieux ;
Semons, et si l'on nous écoute,
Parlons du Sauveur glorieux.   *Ch.*

3 Semons, lorsque dans sa tristesse,
Notre cœur murmure : « A quoi bon ? »
Répétons à tous la promesse
Et l'Evangile du pardon.
Semons ! bientôt, douce allégresse !
Luira le jour de la moisson.   *Ch.*

R. S.

345

1 — Sentinelle vigilante,
Qu'en est-il donc de la nuit ?
— Dis à l'âme somnolente
Que déjà le matin luit !

Chœur :

La nuit passe, le matin du grand
    [jour luit !
Sentinelle, sois au poste jour et   } (*bis*
    [nuit.

2 Les gardes sur la muraille
Nous l'ont dit, entendez-vous ?
Au loin gronde la bataille,
Tout est sombre autour de nous. *Ch.*

3 Point de repos, de relâche,
Rachetés de l'Eternel,
Travaillez à votre tâche
Car Jésus revient du ciel !   *Ch.*

Mlle HUMBERT.

346

1 Serrons nos rangs autour de notre Maî-
Soyons unis, la victoire est à nous ! [tre,
Par notre amour, faisons à tous connaî-
    [tre
De notre Dieu combien le joug est doux.

Ch. : Frères, frères, son nom est amour ;
    Frères, frères, aimons-nous toujours !

2 C'est par amour qu'il entra dans notre
    [âme,
C'est par amour qu'il lave nos péchés ;
Nous embrasant d'une céleste flamme,
Que son amour nous retienne attachés.
                                      Ch.

3 Amour, amour ! insondable mystère
Qui nous unit, et tous ensemble à Dieu !
Amour, amour, si doux sur cette terre,
Amour, amour, oh ! que sera-ce aux
    [cieux ? *Ch.*

Cantiques du Réveil.

347

1 Seul refuge de mon âme,
Je veux m'appuyer sur toi ;
La paix que mon cœur réclame
Est à tes pieds, ô mon Roi !

Ch. : Jésus, Sauveur, que je t'aime,
O toi qui mourus pour moi,
Et qui veux dans le ciel même,
Qu'un jour je règne avec toi !

2 Sur ta croix, Victime sainte,
Mon péché fut expié ;
Plus d'angoisse, plus de crainte :
Ton sang m'a purifié.   *Ch.*

3 Il n'est aucune autre chose
Qui puisse apaiser mon cœur ;
En toi seul je me repose,
En toi, mon puissant Sauveur.   *Ch.*

4 A toi, Jésus, j'abandonne
Mon cœur, mon âme et mes jours,
Qu'en moi ton amour rayonne !
Je veux te servir toujours.   *Ch.*

348

1 Si vous saviez quel Sauveur je possède !
Il est l'ami le plus tendre de tous ;
Pour moi, devant le Père, il intercède :
Oh ! je voudrais qu'il fût aussi pour
[vous !

Chœur : Mon Sauveur vous aime :
Ah ! cherchez en lui
Votre ami suprême,
Votre seul appui !

2 Si vous saviez la paix douce et profon-
[de
Que le Sauveur en mon âme apporta !
Pour cette paix que peut donner le mon-
[de ?...
Elle jaillit pour vous de Golgotha.   *Ch.*

3 Si vous saviez quelle douce espérance
Le Dieu de paix fait rayonner des cieux,
Combien sa voix sait calmer la souf-
[france
Et son regard rendre le cœur joyeux !   *Ch.*

4 Quand vous saurez combien Jésus vous
[aime,
Quand vous saurez combien son joug est
[doux,
Ne gardez pas ce trésor pour vous-même
Mais avec moi dites autour de vous :   *Ch.*

                    R. S.

349

(Voir le Nº 405)

350

1 Soldats de Christ, au combat ! au com-
[bat !
L'ennemi règne où doit régner le Père ;
Ne comptons pas trouver sur cette)
[terre } *(bis)*
Le saint repos de l'éternel sabbat.)

2 Vivons de foi, d'espoir, de charité,
Et nous verrons s'étendre nos conquêtes ;
Déjà, chrétiens, se lèvent sur nos)
[têtes }
Les jours de gloire et d'immorta- } *(bis)*
[lité !)

3 Et toi, Seigneur, notre bien-aimé Roi !
Qui nous acquis par ton sang, par ta vie,
Conduis nos pas, éclaire, fortifie)
Tes rachetés qui combattent pour } *(bis)*
[toi !)

                    H. HOLLARD.

351

1 Soleil de justice,
Jésus, bon Sauveur !
Sois à tous propice ;
Sauve le pécheur !
Que ta connaissance
Couvre l'univers,
Comme l'onde immense
L'abîme des mers !

2 Nous voyons l'aurore
Eclairer les cieux,
Mais la nuit encore
Règne en bien des lieux.
Céleste lumière
De la vérité,
Sur toute la terre
Répands ta clarté !

3 Jour de délivrance
Longtemps attendu,
Jour où la souffrance
Aura disparu,
O jour salutaire,
Où Dieu régnera,
Notre âme t'espère,
Notre œil te verra !

4 La terre soupire,
Seigneur, après toi,
Elle te désire,
Saint et juste Roi.   —

A toi la victoire,
O Dieu de bonté!
A toi seul la gloire
Pour l'éternité!

Cantique Morave.

352

1 Sors du sommeil où tu te plonges!
Réveille-toi *(bis)*
L'âme ne peut vivre de songes,
Réveille-toi *(bis)*
L'âme ne peut vivre de songes,
Elle vit d'amour et de foi!
Sors du sommeil où tu te plonges,
Réveille-toi *(bis)*

2 Jette au loin tes linceuls funèbres,
Réveille-toi! *(bis)*
Tu n'es pas fait pour les ténèbres,
Réveille-toi *(bis)*
Tu n'es pas fait pour les ténèbres,
Le soleil s'est levé sur toi!
Jette au loin tes linceuls funèbres,
Réveille-toi *(bis)*

3 Vers Christ, vers la vie éternelle,
Réveille-toi *(bis)*
Lève les yeux, ouvre ton aile,
Réveille-toi *(bis)*
Lève les yeux, ouvre ton aile,
Obéis à la grande loi!
Vers Christ, vers la vie éternelle,
Réveille-toi *(bis)*

4 Comme à la fleur vole l'abeille,
Réveille-toi *(bis)*
Lorsque le doux printemps s'éveille,
Réveille-toi *(bis)*
Lorsque le doux printemps s'éveille,
Que ton âme vole à son Roi!
Comme à la fleur vole l'abeille,
Réveille-toi *(bis)*

R. S.

353

1 Source de tous les biens où nous devons
[prétendre,
Aimable et doux Sauveur!
En mon cœur suppliant daigne aujour-
[d'hui répandre
Les dons de ta faveur. *(bis)*

2 De toutes mes langueurs, de toutes mes
[faiblesses
Tes yeux sont mes témoins;
Et du plus haut du ciel d'où tu fais tes
[largesses,
Tu vois tous mes besoins. *(bis)*

3 Tu sais quels biens surtout sont les plus
A mon cœur abattu, [nécessaires
Et combien, dans l'excès de toutes mes
Je suis pauvre en vertu. *(bis)* [misères.

4 Je me tiens à tes pieds, chétif, nu, misé-
J'implore ta pitié; [rable,
Et j'attends, quoique indigne, un effort
De ta grande bonté. *(bis)* [adorable

5 Daigne, daigne repaître un cœur qui ne
Qu'un morceau de ton pain, [mendie
De ce pain tout céleste et qui seul remé-
Aux rigueurs de la faim. *(bis)* [die

6 Deviens tout son amour, toute son allé-
Tout son bien, tout son but; [gresse,
Deviens toute sa gloire et toute sa ten-
Comme tout son salut. *(bis)* [dresse,

P. CORNEILLE.

354

1 Source féconde,
Salut du monde,
Le sang de Christ est répandu.
Ce divin Frère,
Sur le Calvaire,
Est mort pour l'homme perdu.

Chœur : Oui, je puis croire,
Oui, je veux croire
Que Jésus-Christ est mort pour moi!
Sa mort sanglante
Et triomphante
Me rend libre par la foi.

2 En Jésus joie!
Il est la voie
Qui nous mène toujours au but.
Jésus pardonne,
Il n'est personne
Qu'il repousse du salut.   *Ch.*

3 Ame flétrie!
Jésus convie
Les méchants, les plus dissolus;
Sa grâce immense
Donne assurance
Au cœur qui croit en Jésus.   *Ch.*

4 Jour mémorable
Pour le coupable!
Sur la croix au vil malfaiteur,
Jésus pardonne!
Jésus lui donne
Le ciel, l'éternel bonheur!   *Ch.*

5 Du Christ la fête
  Est toujours prête,
Le festin de noce est pour tous!
  Entrez sans crainte,
  De la voix sainte
Ecoutez l'appel si doux.   *Ch.*

PULSFORD.

355

1 Sous ton voile d'ignominie,
  Sous ta couronne de douleur,
  N'attends pas que je te renie,
  Chef auguste de mon Sauveur!
  Mon œil, sous le sanglant nuage
  Qui me dérobe ta beauté,
  A retrouvé de ton visage
  L'ineffaçable majesté.

2 Jamais dans la sainte lumière,
  Jamais dans le repos du ciel,
  D'un plus céleste caractère
  Ne brilla ton front immortel;
  Au séjour de la beauté même,
  Jamais ta beauté ne jeta
  Tant de rayons, qu'au jour suprême
  Où tu mourus sur Golgotha.

3 Ton supplice aujourd'hui consomme
  Cette grandeur née au saint lieu,
  Et l'opprobre du Fils de l'homme
  Est la gloire du Fils de Dieu.
  Je suis amour, a dit le Père;
  Et, quittant le divin séjour,
  Jésus-Christ vient dire à la terre :
  Je suis son Fils, je suis amour.

4 L'amour est la grandeur suprême,
  L'amour est la gloire du ciel,
  L'amour est le vrai diadème
  Du Très-Haut et d'Emmanuel.
  Loin de moi, vision grossière
  De grandeur et de dignité!
  Comme au ciel, il n'est sur la terre
  Rien de grand que la charité!

5 Amour céleste, je t'adore!
  Mon esprit a vu ta grandeur ;
  Il te connaît, mon cœur t'ignore;
  Viens remplir, viens changer mon cœur!
  Clarté, joie et gloire de l'âme,
  Paradis qu'on porte en tout lieu,
  Viens, dans ce cœur qui te réclame,
  Fleurir sous le regard de Dieu!

A. VINET.

356

1 Souvent, Seigneur, en sa détresse
  Un pauvre pécheur ne t'adresse
  Pour prière que des soupirs.
  Vers lui, plein d'amour, tu t'inclines;
  Quoiqu'il se taise, tu devines
  Le secret de tous ses désirs.

2 Mais, ô Dieu, ces élans de l'âme,
  Ce cri d'un cœur qui te réclame,
  Je ne les trouve pas en moi;
  Toujours occupé de la terre,
  Quoique de tout je désespère
  Je ne sais m'élever à toi.

3 Mais quoi! ce désir que j'éprouve,
  Ce souhait qu'en mon cœur je trouve
  Ne me viendrait-il pas de Dieu?
  Je disais : dicte ma prière,
  Et tu m'avais, ô tendre Père,
  Déjà dicté ce premier vœu.

4 Désormais donc, ô Dieu suprême,
  Pourquoi chercherais-je en moi-même
  La prière à te présenter?
  De ta grâce je veux l'attendre :
  C'est du ciel qu'elle doit descendre,
  Pour qu'elle y puisse remonter.

LUTTEROTH.

357

1 Suivez, suivez l'Agneau jusqu'au soir de
                    [la vie;
  Vers un gras pâturage il mène son trou-
                    [peau,
  Au bonheur des élus sa grâce vous con-
                    [vie :
  Suivez, suivez toujours, suivez toujours
                    [l'Agneau!

2 Suivez-le sans frayeur, au jour de la
                    [tristesse;
  Déposez dans son sein votre pesant far-
                    [deau;
  Suivez-le dans la paix, au jour de l'allé-
                    [gresse;
  Suivez, suivez toujours, suivez toujours
                    [l'Agneau!

3 Mais suivez-le partout. Le Berger qui
                    [vous mène
  Vous aime et ne saurait égarer son trou-
                    [peau.
  Oui, le joug du Seigneur est une douce
                    [chaine.
  Suivez, suivez toujours, suivez toujours
                    [l'Agneau!

4 Suivez-le sans broncher! Le chemin so-
[litaire
Doit vous conduire, un jour, au céleste
[repos,
Mais pour le suivre au ciel, suivez-le sur
[la terre :
Suivez, suivez toujours, suivez toujours
[l'Agneau.

CHATELANAT.

358

1 Sur toi, Sauveur, qui se fonde,
Peut au péché résister;
L'effort du monde
Pour le tenter,
Est comme une onde } (bis)
Contre un rocher.

2 Quelle est, ô Dieu! la puissance
D'un seul désir, d'un penchant!
Sans vigilance,
Le plus vaillant
Tombe et t'offense } (bis
En un moment.

3 Ton joug, Seigneur, est facile,
Ah! dans ton sein cache-moi!
Dans cet asile,
Exempt d'effroi,
Mon cœur tranquille } (bis)
Vivra pour toi.

4 Qu'en toi ma paix soit parfaite;
Sois mon rocher, ô Dieu fort!
Dans la tempête
Deviens mon port,
Et ma retraite } (bis)
Même en la mort.

C. MALAN.

359

1 Sur les collines éternelles
J'ai vu blanchir l'aube du jour.
Seraient-ce les gages fidèles,
Seigneur, de ton prochain retour?

Chœur : Frères, levons les yeux en haut!
Veillons, car Jésus vient bientôt!

2 Il vient, il vient sur les nuées,
Et ceux même qui l'ont percé,
Toutes les tribus étonnées
Verront l'éclat de sa beauté.　　Ch.

3 Il vient pour briser notre chaîne,
Tarir la source de nos pleurs,
Et, dans sa grâce souveraine,
Apaiser toutes nos douleurs.　　Ch.

4 Il vient! Du ciel notre patrie
Il nous apporte les trésors;
D'un mot, ce Prince de la vie
Va rendre la vie à nos morts.　　Ch.

5 Il vient, il vient, courage, frères!
Hâtons ce beau jour de nos vœux,
Et, délivrés de nos misères,
Prenons notre essor vers les cieux!　Ch.

CHATELANAT.

360

1 Sur toi je me repose,
O Jésus, mon Sauveur!
Faut-il donc autre chose
Pour un pauvre pécheur?
Conduit par ta lumière,
Gardé par ton amour,
Vers la maison du Père
Marchant de jour en jour...

Ch. : Sur toi je me repose,
O Jésus, mon Sauveur!
Faut-il donc autre chose
Pour un pauvre pécheur?

2 Ah! ma misère est grande!
Mais tu m'as pardonné;
Sainte et vivante offrande,
Pour moi tu t'es donné;
Et de toute souillure,
Par le sang de ta croix,
Mon âme devient pure :
Tu l'as dit, je le crois!　　Ch.

3 Moi-même en sacrifice
Immolé désormais,
Seigneur, à ton service
Me voici pour jamais!
Qu'importe ma faiblesse,
Puisque je t'appartiens :
Tu n'as point de richesse
Qui ne soit pour les tiens!　　Ch.

4 Au plus fort de l'orage,
Tu te tiens près de moi,
Ranimant mon courage
Et soutenant ma foi;
C'est dans ton cœur qui m'aime
Que tu sais me cacher;
En vain Satan lui-même
Voudrait m'en arracher...　　Ch.

5 En toi j'ai la victoire,
La paix, la liberté;
A toi je rendrai gloire
Durant l'éternité.
Si du bonheur qui passe
La source doit tarir,
C'est assez de ta grâce
Pour vivre et pour mourir...   *Ch.*

Th. MONOD.

361

1 Ta gloire, ô notre Dieu, brille dans ta
[Parole;
Elle est, pour tes enfants, un trésor pré-
[cieux.
C'est la voix d'un ami qui soutient et
[console,
C'est la lettre d'amour écrite dans les
[cieux.

2 En la lisant notre âme est toujours ra-
[fraîchie,
Notre cœur déchargé des plus rudes far-
[deaux :
C'est la source abondante où se puise la
[vie,
Le fleuve de la grâce aux salutaires eaux.

3 O vous qui gémissez dans les sentiers du
[monde,
Vous dont le cœur s'agite et s'abat tour à
[tour!
Venez tous y trouver la paix pure et pro-
[fonde
Que donnent l'Evangile et l'éternel
[amour.

Mme ESCHAQUET.

362

1 T'aimer, Jésus, te connaître,
Se reposer sur ton sein;
T'avoir pour son Roi, son Maître,
Pour son breuvage et son pain;
Savourer en paix ta grâce;
De ta mort, puissant Sauveur,
Goûter la sainte efficace.
Quelle ineffable douceur!

2 O bonheur inexprimable!
J'ai l'Eternel pour Berger;
Toujours tendre et secourable,
Son cœur ne saurait changer.

Dans sa charité suprême,
Il descendit ici-bas
Chercher sa brebis qu'il aime,
Et la prendre dans ses bras.

3 Il donna pour moi sa vie;
Il me connaît par mon nom;
A sa table il me convie;
J'ai ma place en sa maison.
Il veut bien de ma faiblesse,
De tous mes maux s'enquérir.
Qu'il est bon, il veut sans cesse
Me pardonner, me guérir!

4 Rien, ô Jésus! que ta grâce,
Rien que ton sang précieux,
Qui seul mes péchés efface
Ne me rend saint, juste, heureux.
Ne me dites autre chose,
Sinon qu'il est mon Sauveur,
L'auteur, la source et la cause
De mon éternel bonheur.

GUERS.

363

1 T'aimer, ô Sauveur charitable,
C'est de mon cœur l'ardent désir!
Seigneur, ta grâce est redoutable
A qui ne veut pas la saisir. (*bis*)

2 Tu m'aimas d'un amour immense,
O Christ! que j'aime à mon tour,
Et n'aspire à d'autre science
Que de connaître ton amour. (*bis*)

3 Christ! pour moi tu donnas ta vie,
Et, dépouillant ta majesté,
Tu revêtis l'ignominie,
Car tu m'aimas d'éternité. (*bis*)

4 Fais que mon âme aussi réponde
A tant de biens reçus de toi;
Pour qu'en mon cœur ta grâce abonde
Reste, ô Jésus, reste avec moi. (*bis*)

5 Céleste maison paternelle,
Quand s'ouvriront tes portes d'or?
Quand, vers toi, patrie éternelle,
Pourrons-nous prendre notre essor? (*bis*)

6 O Seigneur, en ce jour suprême
Ton enfant saisira ta main;
Car toi seul es toujours le même,
Fidèle hier, aujourd'hui, demain. (*bis*)

Mme W. MONOD.

364

1 Ta parole, Seigneur, est ma force et ma
[vie:
A nos obscurs sentiers elle sert de
[flambeau,
Et semblable au soleil, elle nous vivifie,
Eclairant tous nos pas jusqu'au seuil du
[tombeau. (*bis*)

2 Livre consolateur, inspiré de Dieu mê-
[me,
Mes yeux se sont ouverts à tes vives
[clartés;
Oui, je sais maintenant que le Seigneur
[nous aime;
Tu montres à quel prix Dieu nous a ra-
[chetés. (*bis*)

3 C'est toi qui nous soutiens au moment
[de la lutte,
Quand le mal veut en nous reprendre
[son pouvoir.
Tu garantis nos pas du danger de la
[chute,
Et sur le lit de mort tu nous donnes
[l'espoir. (*bis*)

D'après J.-J. HOSEMANN.

365

1 Tel que je suis, pécheur rebelle,
Au nom du sang versé pour moi,
Au nom de ta voix qui m'appelle,
Jésus, je viens à toi!

2 Tel que je suis, dans ma souillure,
Ne cherchant nul remède en moi,
Ton sang lave mon âme impure,
Jésus, je viens à toi!

3 Tel que je suis, avec mes luttes
Mes craintes, ma timide foi,
Avec mes doutes et mes chutes,
Jésus, je viens à toi!

4 Tel que je suis, je me réclame
De ta promesse, par la foi ;
Au ciel tu recevras mon âme,
Jésus, je viens à toi!

5 Tel que je suis, ton sacrifice
A ma place accomplit la loi;
Justifié par ta justice,
Jésus, je viens à toi!

6 Tel que je suis, Dieu me convie,
O mon Sauveur, pour être à toi,
A toi dans la mort, dans la vie.
Jésus, je viens à toi!

H. MONOD.

366

1 Tel que je suis, sans rien à moi,
Sinon ton sang versé pour moi,
Et ta voix qui m'appelle à toi,
Agneau de Dieu, je viens! je viens!

2 Tel que je suis, bien vacillant,
En proie au doute à chaque instant,
Lutte au dehors, crainte au dedans,
Agneau de Dieu, je viens! je viens!

3 Tel que je suis, ton cœur est prêt
A prendre le mien tel qu'il est,
Pour tout changer, Sauveur parfait :
Agneau de Dieu, je viens! je viens!

4 Tel que je suis, ton grand amour
A tout pardonné sans retour,
Je veux être à toi dès ce jour;
Agneau de Dieu, je viens! je viens!

D'après Ch. ELLIOT.

367

1 Tenons nos lampes prêtes,
Chrétiens, préparons-nous
Pour l'heure où les trompettes
Annonceront l'époux.

Chœur : Qu'à répondre on s'empresse,
Hosanna! Hosanna!
Et qu'avec allégresse
On chante : Alléluia! (*bis*)

2 Voici déjà les anges,
Avec eux les élus,
Unissant leurs louanges
En l'honneur de Jésus.   Ch.

3 Voici Jésus lui-même,
Puissant, victorieux!
De son pur diadème
L'éclat remplit les cieux.   Ch.

4 Venez, bénis du Père,
Qui m'avez attendu;
Entrez dans la lumière,
Le ciel vous est rendu.

Léon PAUL.

368

1 Terre, chante de joie!
  Celui que Dieu t'envoie,
    Le Christ est né!
  Oui, chante, ô race humaine!
  C'est pour briser la chaine
Et pour t'ouvrir le ciel qu'il t'est donné!

2 Ton Seigneur et ton Maitre,
  Pour toi, voulut connaitre
    La pauvreté;
  Mais rien n'est comparable
  A ce lieu misérable
Où rayonne de Dieu, la charité.

3 Cette crèche est un temple
  Où la foi te contemple,
    O Roi des rois!
  Car c'est là que commence
  Le sacrifice immense
Que tu dois achever sur une croix!

4 Ah! fais qu'à ton école,
  Loin du monde frivole,
    Enfant sauveur,
  Dans l'amour qui pardonne,
  S'humilie et se donne,
J'apprenne le secret du vrai bonheur!

                              R. S.

369

1 Tiens dans ta main, la main puissante
                            [et forte,
  Ton faible enfant qui seul ne peut mar-
                            [cher.
  Vers toi, Seigneur, tout mon désir se
                            [porte,
  Sur mon chemin garde-moi de broncher!

2 Tiens dans ta main tous les jours de ma
                            [vie,
  Qu'ils soient des jours de peine ou de
                            [bonheur.
  Que de t'aimer soit toute mon envie,
  Que je sois à toi, Jésus, mon Sauveur!

3 Tiens dans ta main mon cœur plein de
                            [faiblesse,
  Sans ton secours je ne puis faire un pas.
  Ecoute-moi, regarde ma tristesse,
  Viens, secours-moi, ne m'abandonne pas!

4 Tiens dans ta main ma main parfois
                            [tremblante,
  Quand vient l'épreuve et ses jours de
                            [douleur.
  Donne à ma foi souvent si chancelante,
  Plus de douceur, de paix et de ferveur!

5 Tiens dans ta main mon âme tout en-
                            [tière;
  Révéle-moi, Jésus, tout ton amour;
  Sois mon rocher, mon ancre, ma lumière,
  Mon Roi, mon Maître, ô Jésus! chaque
                            [jour!
                              RILLIET.

370

1 Toi dont l'âme est tourmentée
  Aux approches de la mort,
  Toi dont la nef ballottée
  Ne sait où trouver le port,
  Regarde, à travers tes larmes,
  Ce phare qui tant de fois
  A brillé dans tes alarmes :
    C'est la croix! (bis)

2 O toi qu'a mordu le doute,
  Toi que le monde a séduit,
  Toi qui marches sur la route
  Dans la nuit et vers la nuit,
  Même en doutant, prie, adore
  Celui qui meurt sur le bois;
  Regarde, oh! regarde encore
    Vers la croix! (bis)

3 Sur la croix où Christ expire,
  La mort succombe avec lui.
  C'en est fait de son empire,
  Le jour de la vie a lui!
  Péchés, doutes et souffrances
  Demeurent cloués au bois :
  O sublime délivrance
    De la croix! (bis)

4 A tes pieds, ô croix bénie,
  Signe auguste et méprisé
  De triomphe et d'agonie,
  J'apporte mon cœur brisé.
  Désormais, sois ma bannière!
  Je veux vivre sous tes lois
  Et mourir sous ta lumière,
    Sainte croix! (bis)
                              R. S.

371

1 Toi qui disposes
  De toutes choses,
Et nous les donnes chaque jour,
  Reçois, ô Père!
  Notre prière
De reconnaissance et d'amour.

2 Le don suprême
  Que ta main sème
C'est notre pardon, c'est ta paix;
  Et ta clémence,
  Trésor immense,
Est le plus grand de tes bienfaits.

3 Que, par ta grâce,
  L'instant qui passe
Serve à nous rapprocher de toi!
  Et qu'à chaque heure,
  Vers ta demeure
Nos cœurs s'élèvent par la foi!

Mlle SAUTTER.

372

1 Ton jour, Seigneur,
  Parle à mon cœur
  De paix et de lumière.
  Bénis ce jour
  Où ton amour
  M'appelle à la prière.

2 Dieu tout-puissant,
  Dieu bienfaisant,
  J'ai besoin de ta grâce.
  Éclaire-moi;
  Soutiens ma foi :
  Je viens chercher ta face.

3 Ta vérité,
  Ta charité
  Brillent dans ta Parole.
  Seule elle instruit,
  Guide et conduit
  Notre âme et la console.

4 J'entends ta voix;
  Tes saintes lois
  Ne sont pas difficiles.
  Viens les graver,
  Les conserver
  Dans des âmes dociles.

5 Que ton Esprit,
  O Jésus-Christ,
  Règne seul en notre âme!
  Que ton amour,
  Et nuit et jour,
  L'embrase de sa flamme!

373

1 Torrents d'amour et de grâce!
  Amour du Sauveur en croix!
  A ce grand fleuve qui passe,
  Je m'abandonne et je crois.

Chœur : Je crois à ton sacrifice,
  O Jésus, Agneau de Dieu.
  Et, couvert par ta justice,
  J'entrerai dans le saint lieu.

2 Ah! que partout se répande
  Ce fleuve à la grande voix!
  Que tout l'univers entende
  L'appel qui vient de la croix!   *Ch.*

3 Que toute âme condamnée
  Pour qui tu versas ton sang,
  Soit au Père ramenée
  Par ton amour tout-puissant!   *Ch.*

R. S.

374

1 Toujours ta divine présence
  Jette un rayon sur mon chemin;
  Et le cœur joyeux, je m'avance :
  Je n'ai pas peur du lendemain.

Ch. : Où tu voudras, je veux te suivre;
  Agneau de Dieu, conduis mes pas.
  Vivre sans toi, ce n'est pas vivre;
  Je ne puis être où tu n'es pas.

2 Oh! que jamais rien ne me voile
  Ton doux regard, bien-aimé Roi!
  Dans le danger, brillante étoile,
  Garde mes yeux fixés sur toi.   *Ch.*

3 Auprès de toi la vie est belle,
  C'est le bonheur, la liberté,
  C'est une jeunesse éternelle,
  C'est le ciel, la félicité!   *Ch.*

Ch. ROCHEDIEU.

375

1 Travaillons et luttons, nous sommes au
[Seigneur.
Suivons l'étroit sentier qui conduit à la
[vie,
Jésus marche avec nous, avançons sans
[frayeur,
Il nous garde et son bras toujours nous
[fortifie.

Chœur : Travaillons et luttons, (*bis*)
  Soyons prêts et prions,
  Bientôt le Maître va venir!

2 Travaillons et luttons! Que les cœurs
[affligés,
Les perdus loin de Dieu, retrouvent l'es-
[pérance,

Vers la croix dirigeons leurs regards an-
[goissés.
Pressons-les d'accepter Jésus, leur déli-
[vrance. *Ch.*

3 Travaillons et luttons! Il nous appelle
[tous,
Le champ nous est ouvert et la moisson
[est grande,
Pour servir notre Chef ne pensons plus
[à nous.
En avant vers le but! Le Maître le de-
[mande. *Ch.*

4 Travaillons et luttons! Sans jamais nous
[lasser,
De notre Rédempteur élevons la ban-
[nière,
Fidèles jusqu'au bout, sachons persévé-
[rer,
Le repos nous attend dans la pleine lu-
[mière! *Ch.*

Mlle HUMBERT.

376

1 Travaux, douleurs et train de guerre
Sont du chrétien la sûre part;
Mais, Jésus, tu vois ma misère,
Sois donc ma force et mon rempart.

2 Souvent mon âme désespère
De se dépouiller du péché;
Mais, Jésus, tu vois ma misère,
Et pour moi ton cœur est touché.

3 Souvent je crois qu'à ma prière
Dieu courroucé ne répond plus :
Mais, Jésus, tu vois ma misère,
Je ne crains donc aucun refus.

4 Souvent aussi je trouve amère
La coupe que m'offre la foi;
Mais, Jésus, tu vois ma misère,
Et veux avoir pitié de moi.

5 Souvent, trop épris de la terre,
Pour toi je ne sens nulle ardeur;
Mais, Jésus, tu vois ma misère,
Tu viens en aide à ma langueur.

6 Aussi, Seigneur, mon Roi, mon Frère,
Je veux t'invoquer chaque jour.
O Jésus! tu vois ma misère;
Assiste-moi dans ton amour.

C. MALAN.

377

1 Triomphons, chantons d'allégresse,
Réjouissons-nous devant Dieu!
Qu'un chant de louanges sans cesse
A sa gloire monte en tout lieu!
Chœur : Triomphe, (*bis*)
Tressaille de joie en ton Dieu!

2 Chantons à Celui qui s'avance
Dans les cieux, les cieux éternels!
Il fait entendre avec puissance
Sa voix, c'est le Dieu d'Israël!   *Ch.*

3 Il donne à son peuple victoire,
Puissance, force, liberté,
A notre Dieu rendons la gloire,
Louons sa sainte majesté!   *Ch.*

4 De concert avec les saints anges
Faisons retentir notre voix,
Chantons à jamais les louanges
De l'Agneau divin mis en croix.   *Ch.*

Mlle HUMBERT.

378

1 Tu m'as aimé, Seigneur! avant que la lu-
[mière
Brillât sur l'univers que ta voix a formé.
Et que l'astre du jour, parcourant sa
[carrière,
Versât la vie à flots sur la nature entière,
Mon Dieu, tu m'as aimé! (*bis*)

2 Mon Dieu, tu m'as aimé, quand sur la
[croix infâme
On vit de Jésus-Christ le corps inanimé;
Quand, pour me délivrer de l'éternelle
[flamme,
Ton saint Fils a porté les péchés de mon
Mon Dieu, tu m'as aimé! (*bis*) [âme,

3 Mon Dieu, tu m'as aimé, quand par
[l'Esprit de vie,
Le feu de ton amour en mon cœur allu-
[mé,
Ouvrit les nouveaux cieux à mon âme
[ravie;
Quand la paix fut, en moi, de sainteté
[suivie,
Mon Dieu, tu m'as aimé! (*bis*)

4 Tu m'aimeras toujours! Ni l'enfer, ni le
[monde
De tes dons généreux n'arrêteront le
[cours :

Où le mal abonda, ta grâce surabonde;
A ton amour, ô Dieu, que mon amour
[réponde,
Toi qui m'aimes toujours! (*bis*)

CHAVANNES.

379

1 Tu nous aimes, Seigneur, comme Dieu,
[comme Père,
Ton amour tout puissant couvre notre
Et soutient notre faible cœur. [misère,
Tu l'as offert, Seigneur, le sang qui pu-
[rifie;
Oui, par amour pour nous, tu quittas
[cette vie
Que par amour tu pris, Seigneur!

2 Et près de la quitter à cette heure su-
[prême,
Tu nous dis : « Aimez-vous comme moi
[je vous aime! »
Et qui peut aimer plus que toi?
« Aimez-vous! c'est la loi qu'en partant
[je vous laisse,
Aimez-vous qu'à ceci le monde recon-
[naisse
Que vraiment vous êtes à moi ».

3 Mais serions-nous à toi, si la main pa-
[ternelle
N'eût mis en nous les traits de cet
[amour fidèle,
Doux, secourable, patient ?
Rapporter tout à soi, chercher sa propre
[gloire,
D'une injure, d'un tort, conserver la mé-
Est-ce bien être ton enfant? [moire,

4 O Seigneur, qu'il est doux, qu'il est bon
[pour des frères
De t'offrir en commun leurs vœux et
Et de travailler réunis; [leurs prières,
De s'aider au combat, de partager leurs
[joies,
Et de marcher ensemble en ces paisibles
Où tu diriges et bénis. [voies

Mme LEMIRE.

380

1 Une belle patrie,
Dans les hauts cieux,
Rassemble après la vie
Les bienheureux.
Ils eurent la victoire
Par l'Esprit du Seigneur.
Oh! comme ils chantent gloire,
Gloire au Sauveur!

2 Les anges de lumière,
Dans ce séjour,
Exhalent en prière,
Leur pur amour.
Du pécheur la victoire
Redouble leur ardeur;
Eux aussi chantent gloire,
Gloire au Sauveur!

3 Le Fils de Dieu lui-même
Vint des hauts cieux
Vers ce séjour suprême
Tourner nos yeux.
Gardons bien la mémoire
Des leçons du Seigneur,
Et d'ici donnons gloire,
Gloire au Sauveur!

4 De la sainte patrie
Vinrent encor
Un Moïse, un Elie,
Sur le Thabor.
Contemplons dans l'histoire
Ces élus du Seigneur,
Et d'ici donnons gloire,
Gloire au Sauveur!

5 A la belle patrie
Qui veut venir?
Divin Fils de Marie,
Viens nous bénir.
Sans toi point de victoire,
Par toi l'on est vainqueur.
Oh! gloire, gloire, gloire,
Gloire au Sauveur!

Cantique des Ecoles du Dimanche.

381

1 Unissons nos cœurs et nos voix
Pour célébrer le Roi des rois
Qui mourut pour nous sur la croix,
Victime expiatoire!

Chœur : Béni soit le jour du Seigneur!
Jour de triomphe et de bonheur;
Que partout monte en son honneur
Un hymne de victoire!

2 Il vit, il est ressuscité!
Rayonnant d'immortalité,
Du sépulcre il est remonté
Vers son trône de gloire!   **Ch.**

3 Du haut de son trône il sourit
Au pécheur qui pleure, contrit,
Et la clarté de son Esprit
Dissipe la nuit noire.   **Ch.**

4 Ah! que nos regards, en ce jour,
Le cherchent au divin séjour!
C'est là qu'il attend, plein d'amour,
Quiconque en lui veut croire.   *Ch.*

R. S.

382

1 Un jour, comme un fil qui se brise,
Ma vie en ces lieux finira;
Mais une autre au ciel m'est promise,
Et nul ne me la ravira.
Alors, je verrai face à face
Celui qui m'a sauvé par grâce!   *(bis)*

2 Un jour, ma demeure fragile
S'écroulera, mais dans les cieux,
Au lieu d'une prison d'argile,
Dieu m'offre un palais radieux.
Et je le verrai face à face,
Celui qui m'a sauvé par grâce!   *(bis)*

3 Comme s'envole l'hirondelle
Au pays du jour éclatant,
Mon âme déploiera son aile
Vers le repos où Dieu l'attend.
Et je le verrai face à face
Celui qui m'a sauvé par grâce!   *(bis)*

4 Mais non pas seul! Vers la lumière
Le peuple immense des élus
Montera de toute la terre,
En chantant l'amour de Jésus.
Et nous le verrons face à face,
Celui qui nous sauva par grâce!   *(bis)*

5 Quand viendra ce jour? — Je l'ignore;
Mais mon Dieu l'a fixé pour moi...
Je veille, je prie et j'adore,
Dans la paix que donne la foi;
Puis, je le verrai face à face,
O Christ qui m'as sauvé par grâce!   *(bis)*

R. S.

383

1 Un nouveau combattant vient d'entrer
[dans la lice;
Un nouvel ouvrier se joint à nos tra-
[vaux;
Un esclave nouveau commence son ser-
[vice;
Un nouveau marinier vient essuyer les
[flots. *(bis)*

2 Soldat de l'Eternel, qu'une puissante ar-
[mure
Des assauts du péché garantisse ton
[cœur;
Et que l'Esprit céleste attache à ta cein-
[ture
Le glaive de la foi, glaive toujours vain-
[queur. *(bis)*

3 Ouvrier du Seigneur, un vaste champ
[t'appelle.
Fort du secours de Dieu, sage de ses le-
[çons,
A sa divine loi soumets un sol rebelle
Que sa main parera d'immortelles mois-
[sons. *(bis)*

4 Esclave, tends les mains aux glorieuses
[chaines
Que les élus du ciel portent jusqu'au
[tombeau;
Sers Dieu dans ses enfants; prends ta
[part de leurs peines;
Soutiens-les dans leur course et porte
[leur fardeau. *(bis)*

5 Matelot courageux, sur la mer de ce
[monde
Lance-toi sans murmure et vogue sans
[effroi;
Le Prince de la vie est avec toi sur l'on-
[de,
Et le port du salut est ouvert devant toi.
(bis)

A. VINET.

384

1 Un regard sur ta croix sanglante,
Jésus, fait déborder mon cœur
D'amour et de douleur poignante,
D'amour et d'éternel bonheur.

2 Tu seras seul toute ma gloire,
Car tout ce dont je me vantais
M'empêcherait encor de croire
Qu'en ta mort seule j'ai la paix.

3 Te donnerais-je quelques larmes,
Quelques soupirs et quelque amour?
Devant ta croix je rends les armes;
Prends-moi tout entier dès ce jour.

4 A tes pieds, mon Sauveur, je jette
Ce que mon cœur aime le plus;
Oui, prends mon idole secrète;
Tu seras mon trésor, Jésus!

Ch. ROCHEDIEU.

385

1 Veille au matin, quand un ciel sans nua-
[ge,
Semble annoncer un jour calme et se-
[rein;
C'est dans ton cœur que peut gronder
Qui fait tomber le pèlerin. [l'orage
Chœur : Veille au matin, veille le soir,
Veille et prie toujours.

2 Veille à midi, quad les bruits de la terre
Font oublier le céleste séjour;
Trouve un instant pour être solitaire
Dans la prière et dans l'amour. *Ch.*

3 Veille le soir, quand se fait le silence;
Pense aux bienfaits de ton céleste Ami,
Cherche avec soin sa divine présence,
Verse en son cœur tout ton souci. *Ch.*

4 Veille toujours, en tous lieux, à toute
[heure,
Car l'ennemi te guette à chaque instant,
Pour se glisser dans la sainte demeure
Où doit régner le Tout-Puissant. *Ch.*

Recueil de l'Etoile.

386

1 Venez à Celui qui pardonne
Aux pécheurs qui n'espéraient plus,
C'est aux plus pauvres qu'il se donne
Il peut sauver les plus perdus.
Son sang répandu par le monde,
Peut seul effacer et blanchir
Ce que l'océan, sous son onde,
Ne ferait pas même pâlir !

2 Venez à Celui qui relève
Ceux qu'on vit descendre si bas
Que leur salut paraît un rêve
Dont on rit et qu'on ne croit pas.
Sur la pécheresse qui pleure
Il imprima son sceau divin;
Le brigand, à la dernière heure,
N'implora pas sa grâce en vain.

3 Venez à Celui qui console
Les inconsolables douleurs :
Venez apprendre à son école
L'art divin de sécher les pleurs.
Comme Il a répandu des larmes,
Il peut aussi les essuyer;
Et la douleur lui rend les armes,
Car Il a souffert le premier.

Ed. Monod.

387

1 Venez au Sauveur qui vous aime,
Venez, il a brisé vos fers;
Il veut vous recevoir lui-même,
Ses bras vous sont ouverts.

Ch. : Oh! quel beau jour, Sauveur fidèle,
Quand, nous appuyant sur ton bras,
Dans la demeure paternelle
Nous porterons nos pas!

2 Venez, pécheur, il vous appelle,
Le bonheur est dans son amour!
Ah! donnez-lui ce cœur rebelle,
Donnez-le sans retour. *Ch.*

3 Le temps s'enfuit, l'heure s'écoule,
Qui sait si nous vivrons demain?
Jésus est ici dans la foule;
Ah! saisissez sa main! *Ch.*

Glardon.

388

1 Venez, cœurs souffrants et meurtris,
Au Médecin de l'âme.
Par Jésus vous serez guéris,
Que votre voix l'acclame :

Ch. : Nom célébré par les élus,
Adoré par les anges,
Thème éternel de nos louanges :
Jésus! Jésus! Jésus!

2 En Christ nous sommes pardonnés;
C'est la Bonne Nouvelle.
Par lui les cieux nous sont donnés,
Et la vie éternelle. *Ch.*

3 Vous tous qui souffrez isolés,
Venez, Jésus vous aime;
Pour le troupeau des désolés
Il s'est offert lui-même. *Ch.*

4 D'un seul cœur, d'une seule voix,
Exaltons sa victoire,
Et, dans le ciel, du Roi des rois
Nous redirons la gloire. *Ch.*

R. S.

389

1 Vers le ciel, (*bis*)
J'entends, Jésus, ton appel,
Et mon cœur vers toi s'élance,
Dans la joyeuse espérance
De te voir, Emmanuel!

2 Quel bonheur, (*bis*)
D'être auprès de toi, Seigneur!
D'entrer dans la cité sainte,
Délivré de toute crainte,
A l'abri du Tentateur.

3 Ici-bas, (*bis*)
Tout se flétrit sous nos pas.
De toi mon âme est avide;
Je voudrais, d'un vol rapide,
Aller, ô Dieu, dans tes bras!

4 Heureux jour, (*bis*)
Où s'ouvrira le séjour
De mon Sauveur que j'adore!
Quand brillera ton aurore?
Je l'attends, ô Dieu d'amour!

Th. RIVIER.

390

1 Vers toi monte notre hommage,
Fils de Dieu, puissant Sauveur,
Qui demeures d'âge en âge
Le refuge du pécheur.

Chœur :

Loué soit ton amour, loués soient à jamais
Ton nom, Jésus, ta gloire et tes bienfaits;
Loué soit ton amour, loués soient à jamais
Ton nom, ta gloire et tes bienfaits.

2 De toi vient la délivrance :
Tu payas notre rançon.
C'est en toi qu'est l'espérance,
La paix et la guérison.   *Ch.*

3 Oh! qu'heureux sous ta bannière
Est le peuple racheté
Qui marche dans ta lumière
Vers la céleste cité!   *Ch.*

4 Par ta divine Parole
Tu l'enseignes, tu l'instruis,
Et, par l'Esprit qui console,
Sûrement tu le conduis.   *Ch.*

5 Bientôt — glorieuse attente!
Tu combleras tous nos vœux :
Sur la nue étincelante,
Tu viendras à nous des cieux.   *Ch.*

E. BUDRY.

391

1 Vers toi, Seigneur, que notre hymne
[s'élève;
C'est le parfum du soir que nous t'of-
[frons.

Pour que ce jour en ta grâce s'achève,
Vois à tes pieds s'incliner tous nos
[fronts.

2 La nuit descend, une douce rosée
Baigne la terre après les feux du jour...
O bon Sauveur, que notre âme épuisée
Retrouve aussi la vie en ton amour!

3 Dieu de Jacob, qui jamais ne sommeilles,
Chasse de nous l'effroi du lendemain,
Et sur nos cœurs, pendant les sombres
[veilles,
Fais reposer ta forte et tendre main.

4 Veuille détruire en nous ce qui t'offense;
Daigne effacer nos fautes de ce jour;
Et qu'en ta paix retrouvant l'innocence,
Nous soyons prêts, ô Christ, pour ton
[retour!
R. S.

392

1 Viens à la croix, âme perdue,
Brebis sans berger;
Tu verras une main tendue
Pour te sauver.

2 Viens à la croix, âme souillée,
Pécheur repentant;
Là tu seras purifiée
En un instant.

3 Viens à la croix, âme chargée
De pesants fardeaux;
Là tu trouveras, soulagée,
Le vrai repos.

4 Viens à la croix, âme affaiblie,
Chrétien chancelant;
Là se trouvent force, énergie,
Secours puissant.

5 Viens à la croix, âme assiégée
Par le tentateur;
Là ta victoire est assurée
Dans le Seigneur.

6 Dans tes soucis, tes deuils, tes larmes,
Entends cette voix
Qui te dit : Viens, dans tes alarmes,
Viens à la croix!

E. BUDRY.

393

1 Viens à Jésus, il t'appelle;
Il t'appelle aujourd'hui.
Trop longtemps tu fus rebelle :
Aujourd'hui, viens à Lui.

2 Jésus t'aime, Jésus t'aime,
Jésus t'aime aujourd'hui.
Malgré ta misère extrême,
Aujourd'hui, viens à Lui.

3 Il pardonne, il pardonne,
Il pardonne aujourd'hui.
Reçois le salut qu'il donne;
Aujourd'hui, viens à Lui.

RIVIER.

394

1 Viens, âme perdue
Viens à ton Sauveur :
Vois sa main tendue,
Saisis-la sans peur,
C'est lui qui t'invite :
Réponds à sa voix;
Si ton cœur hésite,
Regarde à la croix.
Oui, la victoire, — Tu l'auras,
Et pour sa gloire — Tu vivras.
Jésus t'appelle — En avant!
Il est fidèle — Et puissant.

2 Viens, son sang expie
Ton iniquité
Et donne la vie
Pour l'éternité.
Il meurt à ta place,
Il souffrit pour toi;
Accepte sa grâce,
Et dis avec foi :
Oui, la victoire, — Je l'aurai,
Et pour sa gloire — Je vivrai;
Jésus m'appelle — En avant!
Il est fidèle — Et puissant.

3 A toi je veux être,
A toi pour toujours!
Jésus sois mon Maître,
Ma paix, mon secours,
Ma seule espérance,
Mon unique bien :
Sois ma délivrance,
Mon ferme soutien.
Oui la victoire — Nous l'aurons,
Et pour sa gloire, — Nous vivrons.
Une couronne — Nous attend.
Jésus la donne : — En avant!

E. FAVRE.

395

1 Viens, âme qui pleures,
Viens à ton Sauveur;
Dans tes tristes heures,
Dis-lui ta douleur;

Dis tout bas ta plainte
Au Seigneur Jésus,
Parle-lui sans crainte,
Et ne pleure plus!

2 Dis tout à ce frère,
A ce tendre Ami,
Ton épreuve amère,
Ton deuil, ton souci.
Il aime, il console
Les cœurs abattus;
Crois à sa parole,
Et ne pleure plus!

3 Dis à d'autres âmes
Ployant sous le faix,
Que tu les réclames
Pour le Dieu de paix.
Calme leurs alarmes,
Montre-leur Jésus;
Va sécher leurs larmes,
Et ne pleure plus!

J.-W. LELIÈVRE.

396

1 Viens, ô Créateur de nos âmes,
Esprit saint, Dieu de vérité!
Remplis nos cœurs des pures flammes
De ton ardente charité.

2 Verse en nos âmes tes lumières,
Verse ton amour dans nos cœurs!
Prête l'oreille à nos prières,
Et comble-nous de tes faveurs.

3 Viens, et rends-nous vainqueurs du
[monde,
Ecarte tous nos ennemis,
Et de la paix la plus féconde,
Que nos triomphes soient suivis!

Recueil EMPEYTAZ.

397

1 Viens, mon âme
Te réclame,
Car c'est toi qui m'a cherché.
Pour te suivre,
Je te livre
Mon cœur avec son péché.

Chœur : Viens! mon âme
Te réclame;
Mon bonheur est tout en toi.
Je t'adore,
Je t'implore;
O Jésus! demeure en moi!

2 Oui, ta grâce
  Seule efface
Toutes mes iniquités ;
  Tu pardonnes,
  Tu me donnes
La paix de tes rachetés. *Ch.*

3 Quand je doute,
  Quand ma route
Passe auprès du tentateur,
  Ta main sûre
  Me rassure
Et me rend plus que vainqueur. *Ch.*

4 Ah ! demeure,
  A chaque heure,
Mon rempart, mon défenseur,
  Ma victoire,
  Et ma gloire,
Mon Jésus, mon seul Sauveur. *Ch.*

HUMBERT.

398

1 Voici de tes enfants, Seigneur, une poi-
[gnée.
Seuls, nous ne pouvons rien contre tes
[ennemis.
Mais au contact du mal notre âme est
[indignée ;
Nous voulons voir ta cause en tous les
[cœurs gagnée
Et sous ton étendard le monde entier
[soumis.

2 Nous voulons proclamer le glorieux mes-
[sage
Qui parle de salut et guérit la douleur ;
Du péché, de la haine arrêter le ravage,
Répandre la lumière, abolir l'esclavage,
Et, messagers de paix, consoler le mal-
[heur.

3 Nous avons dans nos cœurs une vive es-
[pérance,
Oui, nous croyons aux temps glorieux et
[nouveaux
Où nul ne connaîtra ni larmes ni souf-
[france,
Et nous voulons hâter ce jour de déli-
[vrance :
O Dieu ! daigne bénir nos vœux et nos
[travaux.

4 Viens, et nous te suivrons, ô notre Ca-
[pitaine !
Viens, et de ton Esprit par toi-même em-
[brasés,

Unis dans ton amour, nous marcherons
[sans peine.
La victoire avec toi nous paraîtra cer-
[taine,
Les sentiers les plus durs nous devien-
[dront aisés !

5 Viens ! A nous l'avenir si ton drapeau
[nous guide !
Nous ne redoutons plus le monde ni la
[mort.
Avec ta croix pour arme et ta croix pour
[égide
Le plus lâche devient un héros intrépide,
Et, soutenu par toi, le faible devient
[fort !

R. S.

399

1 Voici Noël, ô douce nuit !
L'étoile est là, qui nous conduit ;
Allons tous, avec les mages,
Porter à Jésus nos hommages,
  Car l'Enfant nous est né,
  Le Fils nous est donné !

2 Voici Noël, ô quel beau jour !
Jésus est né ! quel grand amour !
C'est pour nous qu'il vient sur la terre,
Qu'il prend sur lui notre misère.
  Un Sauveur nous est né,
  Le Fils nous est donné !

3 Voici Noël, ah ! d'un seul cœur
Joignons nos voix au divin chœur
Qui proclame au ciel les louanges
De celui qu'annoncent les anges !
  Oui, l'Enfant nous est né,
  Le Fils nous est donné !

4 Voici Noël, ne craignons pas,
Car Dieu nous dit : Paix ici bas,
Bienveillance envers tous les hommes !
Pour nous aussi, tels que nous sommes,
  Un Sauveur nous est né,
  Le Fils nous est donné !

Mme MEGROZ.

400

1 Voir mon Sauveur face à face,
  Voir Jésus dans sa beauté,
  O joie, ô suprême grâce,
  O bonheur ! félicité !

Chœur : Oui, dans ta magnificence
    Je te verrai, divin Roi !
    Pour toujours, en ta présence,
    Je serai semblable à toi.

2 Ta gloire est encore voilée,
    Ah ! d'un voile ensanglanté !...
    Bientôt sera révélée
    Ton ineffable beauté !   *Ch.*

3 Oh ! Quels transports d'allégresse
    Quand tes yeux baissés sur moi,
    Me diront avec tendresse :
    « Je mourus aussi pour toi ! »   *Ch.*

        Ch. ROCHEDIEU.

401

1 Voudrais-tu goûter le parfait bonheur ?
  O toi que le monde enlace,
  Réponds à la voix de ton Rédempteur,
  Reçois humblement sa grâce !

Chœur : A la grâce,
    A la croix,
    Viens, mon frère,
    Viens et crois !
    Le sang de Jésus efface
    Tous tes péchés à la fois !

2 Laisse la folie et la vanité !
  C'est une ivresse qui passe;
  Mais bois à longs traits la félicité
  A la source de la grâce !   *Ch.*

3 Puis, vole au secours de ces malheureux
  Qu'une horrible mort menace;
  Dis-leur que Jésus a souffert pour eux,
  Et qu'il offre à tous sa grâce.   *Ch.*

        R. S.

402

1 Vous qui gardez les murs de la sainte ci-
             [té,
Sentinelles de Dieu qui veillez à ses por-
    Ceignez-vous de vérité,   [tes,
    De valeur, de fermeté,
  Que vos yeux soient perçants et que vos
        [voix soient fortes !

2 Voyez-vous l'ennemi s'approcher douce-
           [ment
Et chercher, en secret, à franchir les mu-
    Dénoncez-le franchement [railles?
    Et lui livrez fortement   [tailles.
Du Maître des combats les terribles ba-

3 Ah ! soldats, c'est au Chef que vous ap-
          [partenez;
C'est lui qui vous ceignit du redoutable
    Dans vos trompettes sonnez [glaive.
    Contre tous ces révoltés,   [trève.
Résistez vaillamment, sans repos et sans

4 Messagers du salut, en ce terrestre lieu,
  Publiez vaillamment le sacré témoignage.
    Ne craignant que votre Dieu,
    Accomplissez votre vœu;   [ge.
Affrontez les erreurs et méprisez l'outra-

5 Du monde, contre vous, la rage éclatera:
  Soutenez ses assauts : c'est Jésus qui
         [l'ordonne.
    Le moqueur vous maudira,
    Le méchant vous frappera;
Mais le Seigneur vous garde et tient vo-
        [tre couronne.

        C. MALAN.

403

1 Voyez le Christ sur la nue
  Descendre en triomphateur.
  Chantez ! l'aurore est venue,
  L'aurore d'un jour meilleur
    Sur la nue (*ter*)
  Voici notre Rédempteur !

2 Il vient ! le monde, à sa vue,
  Frémit de crainte et d'effroi.
  Le voici ! que sa venue
  Est douce au cœur plein de foi.
    Sur la nue, (*ter*)
  Voici, voici notre Roi !

3 De l'éclat de sa venue
  Le ciel même est ébloui.
  Chante, Eglise méconnue;
  Le jour du triomphe a lui.
    Sur la nue, (*ter*)
  Tu vas régner avec lui !

        R. S.

404

1 Voyez l'étendard céleste
  Qui s'agite au vent !
  C'est un secours manifeste;
  Frères, en avant !

Chœur : « Tenez ferme, car j'avance ! »
    Amis, répondons :
    « O Jésus, notre espérance,
    Par toi nous vaincrons ! »

2 Satan, prince de ce monde,
  Redouble ses coups;
  Notre faiblesse est profonde;
  Que deviendrons-nous?   *Ch.*

3 Sur la montagne prochaine
  Sonnent les clairons...
  Au nom du grand Capitaine
  Nous triompherons!   *Ch.*

4 Le combat est long, peut-être;
  Elevons nos cœurs!
  Avec Jésus notre Maître,
  Nous serons vainqueurs!   *Ch.*

R. S.

405

1 Sois fidèle, tu seras fort,
  Sois fidèle jusqu'à la mort!
  Car il n'est vie ni liberté
  Que dans le Christ ressuscité.
  Il est le Verbe triomphant
  Qui t'a créé, qui te défend...
  Sois fidèle, tu seras fort,
  Sois fidèle jusqu'à la mort!

2 Pour résister au Tentateur,
  Regarde au Christ libérateur :
  Quel autre est digne de ta foi?
  Lui seul, Lui seul est mort pour toi!
  Apporte à ce Maître, en ce jour,
  La fleur de ton premier amour.
  Sois fidèle, tu seras fort,
  Sois fidèle jusqu'à la mort!

3 Pour le droit et la vérité,
  La patrie et l'humanité;
  Pour ceux dont les jours vont finir,
  Pour ceux dont le jour va venir,
  Pour les peuples et pour les rois,
  Il n'est d'espoir que dans la croix!
  Sois fidèle, tu seras fort,
  Sois fidèle jusqu'à la mort!

4 Il règnera sur l'univers,
  Il fera tomber tous les fers;
  Tous les pleurs seront essuyés,
  Tous les maux seront oubliés!
  Pour voir ces temps nouveaux s'ouvrir,
  Qui ne serait prêt à mourir?
  Sois fidèle, tu seras fort,
  Sois fidèle jusqu'à la mort!

R. S.

406

1 Fils de Marie!
    O divin Roi!
Dans cette pauvre hôtellerie
Je me prosterne devant toi
Le cœur plein de mélancolie.
Pourtant, dans la paix tu **reposes,**
De notre amour environné,
Et tu transformes toutes choses
Par ton sourire, ô nouveau-né,
    Fils de Marie!

2 Fils de Marie,
    Je vois, je vois
Dans cette étable où je te prie,
L'ombre effrayante de la croix
Où la chair doit être meurtrie...
Sous la morsure des épines
Un jour saignera ce beau front;
Ces pieds charmants, ces mains **divines,**
D'horribles clous les perceront,
    Fils de Marie!

3 Fils de Marie,
    Je vois, je vois
Chanceler ta mère chérie
Muette et pâle sous la croix;
De ses pleurs la source est tarie.
Et c'est pour expier mon crime,
Qu'il te faudra mourir ainsi!
Agneau de Dieu, sainte victime,
Voilà pourquoi je pleure ici,
    Fils de Marie!

R.S.

407

1 J'ai découvert dans la vallée
  Où j'avançais le front penché,
  Une humble fleur dissimulée
  Dans le feuillage desséché.

Ch. : Céleste Fleur que Dieu fit naître
        Pour consoler l'humanité,
        Fils de Marie, humble et doux **Maître,**
        Revêts-nous de ta pureté!

2 A genoux, parmi les épines,
  Je cueillis la suave fleur,
  Car toujours les grâces divines
  S'offrent à nous dans la douleur.

Ch. : Céleste Fleur que Dieu fit naître
        Pour consoler l'humanité,
        Fils de Marie, humble et doux **Maître,**
        Enseigne-nous l'humilité!

3 J'emportai la plante admirable :
  Mon cœur en fut tout parfumé,
  Et dans mon logis misérable,
  Par elle tout fut transformé.

Ch. : Céleste Fleur que Dieu fit naitre
      Pour consoler l'humanité,
      Fils de Marie, humble et doux Maitre,
      Remplis-nous de ta charité !

4 Je la garde, elle est toujours belle,
  Et rien ne saura la flétrir.
  J'irai dans la tombe avec elle :
  Avec elle on ne peut mourir.

Ch. : Céleste Fleur que Dieu fit naitre
      Pour consoler l'humanité,
      Fils de Marie, humble et doux Maitre,
      Tu donnes l'immortalité !

                              R. S.

408

(Voir le No 157)

409

1 Jésus, Jésus, viens à moi !
  Mon cœur soupire après toi.
  Qu'elle est longue, ton absence !
  Entre nous, quelle distance !
  Nuit et jour, pleine d'émoi,
  Mon âme, ô Sauveur, t'appelle :
  Ami tendre, ami fidèle,
  Jésus, Jésus, viens à moi !

2 Lorsque je ne te vois pas
  Tout paraît sombre ici-bas ;
  Il n'est de voix que la tienne
  Qui me charme et me soutienne.
  Toi seul, ô mon divin Roi,
  Es ma force et ma lumière :
  Ah ! réponds à ma prière,
  Jésus, Jésus, viens à moi !

3 Viens habiter dans mon cœur ;
  Qu'il soit ton temple, ô Seigneur.
  Alors, avec patience,
  J'attendrai ta délivrance,
  Le jour où, tremblant d'effroi,
  Le monde verra ta face,
  Le jour de paix et de grâce
  Où tu reviendras à moi !

                              R. S.

410

1 Matelots en voyage
  Vers le bord éternel,
  S'il survient un orage
  Pensons au doux rivage, (bis)

Ch. : Notre port (bis) est au ciel
      Notre port (bis) est au ciel
      Notre port est au ciel. (bis)

2 Que rien ne nous dérive
  Vers les biens temporels,
  Leur paix est fugitive ;
  Ne cherchons qu'une rive ;   Ch.

3 Sur Jésus, douce étoile
  D'un éclat immortel,
  Que jamais rien ne voile,
  Dirigeons notre voile ; (bis)   Ch.

4 A celui qu'il seconde
  D'un regard fraternel,
  Que fait le vent ou l'onde ?
  En vain l'océan gronde. (bis)

Ch. : Quand le port (bis) est au ciel
      Quand le port (bis) est au ciel
      Quand le port est au ciel. (bis)

                              TOURNIER.

411

1 J'ai faim, j'ai soif, Jésus ; sois la man-
                          [ne pour moi !
  Eaux vives, jaillissez du Rocher du Cal-
                          [vaire !

2 O Pain rompu pour nous, que je vive de
                          [Toi !
  Je meurs, si tu ne viens secourir ma mi-
                          [sère !

3 Vendange que foula le Vigneron divin,
  Enivre-moi d'amour, d'espoir et de cou-
                          [rage !

4 Ta chair, ton sang, Jésus, sont le pain
                          [et le vin
  Qui seuls me soutiendront jusqu'au bout
                          [du voyage !

                              R. S.

412

1 Dans le silence de la nuit
  Approchons de l'hôtellerie.
  L'enfant dort auprès de Marie,
  Entrons sans bruit. (bis)

2 Aux lueurs d'un pâle flambeau,
  Contemplons le Sauveur du monde...
  Dans son humilité profonde,
  Comme il est beau ! (bis)

3 Hélas! ce doux enfant qui dort
Sera l'agneau du sacrifice;
Si vous saviez par quel supplice
Et quelle mort! (*bis*)

4 Mages, bergers, accourez tous,
Et vous, peuples de toute race!
Par cet enfant Dieu vous fait grâce...
Tous à genoux! (*bis*)

5 Le ciel lui-même est étonné
Qu'un si grand amour se révèle!
Portons-en partout la nouvelle :
Jésus est né! (*bis*)

R. S.

413

1 Dieu vit toujours!
Mon cœur, attends son secours!
Il est bon, et sa tendresse
Vient en aide à ta douleur :
Par sa force et sa sagesse
Tout concourt à ton bonheur.
Dieu, de la souffrance même
Fait sortir ton bien suprême.
Mon cœur, crois-le désormais,
Dieu, ton Dieu, ne meurt jamais.

2 Dieu vit toujours!
Mon cœur, attends son secours!
Sous ta croix, si tu chancelles,
Il la portera pour toi.
Il répond, quand tu l'appelles,
Même à ta tremblante foi.
Vers toi se tend son oreille,
Car sa grâce toujours veille.
Mon cœur, crois-le désormais,
Dieu, ton Dieu ne meurt jamais.

Imité par R. S.

414

1 Voyez! Voyez! Les voici!
Tous les peuples sont ici :
C'est la croix qui les attire...
Les pécheurs, les malheureux,
Tous viennent grossir l'empire
Du Christ qui mourut pour eux.

2 Voyez! Voyez! Les voici!
En foule accourent ici :
De leurs cités innombrables
Les mystérieux Chinois,
Et les Hindous misérables...
Tous regardent vers la croix.

3 Voyez! Voyez! Les voici!
Lentement s'approche **aussi**
L'Africain noir et **sauvage.**
Aux pieds du Crucifié,
Son long et dur esclavage
Sera bientôt oublié!

4 Voyez! Voyez! Les voici!
Les enfants du Nord transi,
Les fils de la steppe aride;
L'heure est sonnée en tout lieu;
Le cœur de l'homme est avide
De te voir, ô Fils de Dieu!

5 Voyez! Voyez! Les voici!
Tous sont réunis ici!
C'est la famille immortelle,
Et tous chantent d'un seul cœur
Cette hymne toujours nouvelle :
Gloire, gloire au Rédempteur!

Traduit librement par R. S.

415

1 Jésus est né; venez bergers et mages,
Prosternez-vous devant sa majesté!
Nul comme Lui n'a droit à vos hom-
[mages,
Car c'est un Dieu voilé d'humanité...

2 Il est couché sur un lit de ramée
Près des grands bœufs et des douces
[brebis.
Mais cette étable est par Lui transfor-
En un palais d'or pur et de rubis. [mée

3 Tandis qu'Il dort sous les yeux de Marie,
Et que, ravis, nous tombons à genoux,
Anges penchés sur cette hôtellerie,
Vous qui chantiez, pourquoi vous taisez-
[vous?

4 « Nous nous taisons, car de la pauvre
[mère
Un glaive aigu transpercera le cœur,
Lorsque son Fils, buvant la coupe amère,
Sera cloué comme un vil malfaiteur.

5 « Baisez ces pieds, que les routes pier-
[reuses
Vont tant meurtrir, et ces petites mains
Qu'un dur travail rendra bientôt cal-
[leuses,
Et que bientôt perceront les humains! »

6 Petit enfant, reçois notre humble hom-
[mage;
Tout notre orgueil ici s'anéantit...
Fais-nous renaître, ô Christ, à ton image,
Puisque, pour vaincre, il faut être petit!

R. S.

416

1 Brisant ses liens funèbres,
    Alléluia!
Christ est sorti des ténèbres;
    Alléluia!
Le ciel, la terre ont chanté :
    Alléluia!
Jésus est ressuscité.
    Alléluia!

2 Les soldats, le sceau, la pierre,
    Alléluia!
N'ont pu le garder en terre;
    Alléluia!
Et c'est pour nous qu'aujourd'hui
    Alléluia!
Le ciel s'ouvre devant Lui!
    Alléluia!

3 Il vit, notre Roi de gloire!
    Alléluia!
Sépulcre où est ta victoire?
    Alléluia!
Il a détruit sans effort,
    Alléluia!
La puissance de la mort.
    Alléluia!

4 Puisque ta mort fut suivie,
    Alléluia!
Du triomphe de la vie,
    Alléluia!
Je veux, ô mon divin Roi,
    Alléluia!
Mourir et naître avec toi!
    Alléluia!

R. S.

417

1 Dieu soit avec toi jusqu'au revoir!
Ame fidèle et soumise,
Qu'Il te garde et te conduise
Jusqu'au grand repos du soir!

Chœur : Au revoir, au revoir!
    Dieu t'accompagne jusqu'au soir!
    Au revoir, au revoir!
    Dieu soit avec toi jusqu'au revoir!

2 Dieu soit avec toi jusqu'au revoir!
Abrite-toi sous son aile;
Qu'en ton cœur Il renouvelle
La foi, l'amour et l'espoir!   *Ch.*

3 Si des périls te menacent,
Ses bras éternels t'enlacent :
Contre eux, qui peut prévaloir?   *Ch.*

4 Bientôt Jésus va paraître :
Dans sa gloire, notre Maître
Bientôt va nous recevoir!   *Ch.*

R. S.

417 *bis*

1 Jésus soit avec vous à jamais!
Vous guidant avec sagesse,
Vous entourant avec tendresse,
Vous remplissant toujours de sa paix.

Ch. : Oh! joyeuse et sainte espérance,
    Pour ceux qui s'aiment en Jésus :
    Nous nous verrons en sa présence
    Quand la mort, le deuil ne seront
    [plus.

2 Avec vous au milieu du danger,
A l'heure de la détresse,
Qu'il soit votre forteresse,
Qu'il soit toujours votre bon Berger! *Ch.*

3 Avec vous quand votre ciel est bleu,
Comme au jour de la tempête.
Que son cœur soit la retraite
Où vous retrouverez la paix de Dieu! *Ch.*

4 Enfin dans le dernier des combats,
Pour échanger cette terre
Contre la maison du Père,
Que Jésus vous porte dans ses bras!...
    Ch.
Ch. ROCHEDIEU.

418

1 Seigneur, grand Dieu! Ton pouvoir est
[immense.
Tu dis : du néant surgit l'univers.
Rien ne subsiste que par ta puissance
Soleils de flamme ou limites des mers.
Le firmament aux millions d'étoiles
Tout t'obéit au plus profond des cieux.
Mon cœur s'émeut lorsque tu lui dévoiles
Ta majesté, ton pouvoir glorieux.

2 Seigneur, grand Dieu! profonde est ta
[sagesse.
Belle et parfaite est ta création :
Tu fis de nous, malgré notre faiblesse,
Par ton Esprit tes fils d'adoption.

Le mont superbe et le roseau qui plie,
Font éclater ta gloire, ô Dieu des cieux !
Plein de respect, mon cœur ému te prie
Et je bénis ton savoir merveilleux.

3 Seigneur, grand Dieu ! ton amour est su-
[blime !
Ton Fils vint ici-bas le révéler.
Tu n'éteins pas le lumignon infime
Qui fume encor et ne peut plus brûler.
J'étais lié par une chaîne infâme,
Tu la brisas, sur la croix, bon Sauveur !
Pleurant d'amour, j'adore et je proclame
Ton sacrifice immense, ô Rédempteur !

L. KOWATS, par M. W. S.

419

1 Jésus, mon Sauveur, pourquoi tarder en-
[core ?
De ton retour, j'attends la douce aurore...
Viens et me prends avec Toi dans ton ciel.
J'ai faim, j'ai soif de repos éternel !

Ch. : Oh ! viens mon Sauveur !
Pourquoi tarder encore, (bis)
De ton retour j'attends la douce au-
L'aurore ! [rore,

2 Ah ! c'en est assez, viens délivrer mon
De l'ennemi, de sa malice infâme ! [âme
Je prie, et lutte et je me sens si las,
Et de mes pleurs le flot ne tarit pas ! Ch.

Imité par M. W. S.

420

1 Ta Parole est un beau jardin.
En gerbes embaumées
J'y moissonne chaque matin,
Des fleurs par Toi semées.

Chœur : J'aime ta Parole, Seigneur,
Tu me donnes par elle,
Richesses, lumière, bonheur,
Et victoire éternelle !

2 Seigneur, ta Parole est pour moi
La mine pleine d'ombre,
Où je découvre par la foi,
Des diamants sans nombre ! Ch.

3 Pareille à la voûte des cieux,
Lumineuse et profonde,
Ta Parole brille à mes yeux
Dans la nuit de ce monde. Ch.

4 Ta Parole est un chœur puissant
Aux pures harmonies,
Où dans un hymne ravissant,
Mille voix sont unies. Ch.

5 Ta Parole est un arsenal,
M'offrant pour la bataille
Contre l'erreur, contre le mal,
Une armure à ma taille. Ch.

6 Par elle un céleste aliment
Renouvelle mon être :
Manne divine, pur froment,
Chair et sang de mon Maître ! Ch.

R. S.

421

1 J'ai tout quitté pour te suivre ;
O Jésus, j'ai pris ma croix.
A Toi pour mourir et vivre :
Pour toujours j'ai fait mon choix !
La pauvreté, la souffrance,
L'abandon et le mépris,
J'ai tout accepté d'avance :
Mon bonheur est à ce prix.

2 Que le monde me délaisse ;
Jésus est là, c'est assez !
Qu'on m'insulte, qu'on me blesse ;
Mon Maître aussi fut blessé !
Sous mes pieds, orgueil tenace,
Oripeaux, gloires d'un jour !
Il me reste à votre place,
Dieu, son ciel et son amour !

3 Contre la haine et l'outrage,
Je m'abrite dans ton cœur.
Là, je puise le courage,
Là, je suis plus que vainqueur !
Ah ! que rien ne me ravisse
Ta présence et ton Esprit !...
Très doux est le sacrifice
Pour qui t'aime, ô Jésus-Christ !

Traduction libre par R. S.

422

1 Gloire au Seigneur, dont l'amour se ré-
A qui le cherche avec sincérité ! [vèle
Gloire aux témoins de la bonne nouvelle :
Nous devons tout à leur fidélité !
Par les tourments qu'ils souffri-
[pour elle,]
] (bis)
Ils l'ont transmise à leur postéri-]
[té ;

2 De leurs bûchers se leva l'aube immense,
L'aube d'un sûr et prochain avenir,
Ere de paix, d'amour et de clémence,
Où tous les fils du Père vont s'unir.
Oui, c'est par vous, ô martyrs,
    [que commence
Le jour de Dieu qui ne doit pas *(bis)*
    [finir.

3 Pasteurs errants par les monts et la
    [plaine,
Prêchant la nuit et vous cachant le jour,
Savants docteurs, pauvres cardeurs de
    [laine,
Nobles forçats, captives de la Tour,
De cette foi dont votre âme était
    [pleine,
Que vos enfants soient remplis à *(bis)*
    [leur tour.

4 Que nous aimions, comme vous, le Saint
    [Livre,
Où le Sauveur fait entendre sa voix;
Que nous voulions le servir et le suivre,
Lui, qui pour nous, mourut sur une
    [croix,
Et, qui vivant, bientôt fera revi-
    [vre
Ceux qui sont morts pour défen- *(bis)*
    [dre ses lois.
             R. S.

423

Chœur : Proclamez par tous le monde
    Que Jésus est Roi,
    Il est Roi, Il est Roi!
    Et que partout on réponde,
    Le cœur plein d'émoi :
    Il est Roi, Il est Roi.

1 En tout lieu faites connaître
    Qu'Il règne à jamais,
    Et que ce grand Dieu, ce Maître,
    Est le Roi de paix!
    Proclamez son nom sublime!
    Criez à tous vents
    Qu'Il règne sur les abîmes
    Et les flots mouvants!   *Ch.*

2 A ceux que la vie accable
    Dites qu'aujourd'hui
    Il reçoit le misérable
    Qui regarde à Lui.

A toute âme qui succombe
    Dites qu'Il est fort!
A ceux qui vont vers la tombe
    Qu'Il vainquit la mort!   *Ch.*

3 Parcourez monts et campagnes,
    Villes et déserts!
    Que l'Esprit vous accompagne
    Dans tout l'univers.
    Bravez les fureurs, la haine,
    Bravez les mépris
    Pour que toute langue humaine
    Répète ce cri :   *Ch.*
             R. S.

424

1 En avant! *(bis)*
Que ton drapeau flotte au vent,
O Sion, reine immortelle!
A ton Maître, en le suivant,
Que ton cœur reste fidèle;
C'est au bonheur qu'il t'appelle...
    En avant! *(bis)*

2 Sous la croix *(bis)*
Sion, souffre, prie, et crois!
Du serpent brave la rage!
De Jésus la douce voix
Te rendra force et courage :
N'a-t-il pas subi l'outrage
    De la croix? *(bis)*

3 Ici-bas *(bis)*
Sion, veille sur tes pas!
Fuis les gloires de ce monde.
Ses plaisirs ne durent pas,
Ils s'écoulent comme l'onde.
En Christ seul la paix abonde
    Ici-bas. *(bis)*

4 Que l'Esprit *(bis)*
De ton Epoux Jésus-Christ,
Sion, toujours te conduise!
Que ces mots : « Il est écrit »
Soient ton unique devise;
Que Sa Parole t'instruise,
    Par l'Esprit! *(bis)*

5 Vis en Lui! *(bis)*
Sion, pour porter du fruit,
Au divin Cep sois unie.
N'es-tu pas, dès aujourd'hui,
L'Epouse auguste et bénie
Que le Sauveur a choisie?
    Vis en Lui! *(bis)*

6 Par la foi (*bis*)
Reste digne de ton Roi !
Son invisible présence,
O Sion, plane sur toi...
Marche avec persévérance :
Au ciel est la récompense
De la foi ! (*bis*)

R. S.

425 *Doxologie*

Que la grâce de Notre Seigneur Jésus-Christ, et l'amour de Dieu le Père, et la communion du Saint-Esprit soient avec nous tous, avec nous tous. Amen !

TABLE DES MATIÈRES

IMP. CORBIÈRE & JUGAIN - ALENÇON

Alençon, imprimerie Corbière et Jugain.